김병완의
고전불패

김병완의 고전불패

1판 1쇄 인쇄 2015년 1월 10일
1판 1쇄 발행 2015년 1월 16일

지은이 김병완
펴낸이 임종관
펴낸곳 미래북
편　집 정광희
본문디자인 서진원
등록 제 302-2003-000326호
주소 서울시 용산구 효창동 5-421호
마케팅 경기도 고양시 덕양구 화정동 965번지 한화 오벨리스크 1901호
전화 02)738-1227(대) | 팩스 02)738-1228
이메일 miraebook@hotmail.com

ISBN 978-89-92289-70-2 03320
값은 표지 뒷면에 표기되어 있습니다.
잘못된 책은 구입하신 서점에서 바꾸어 드립니다.

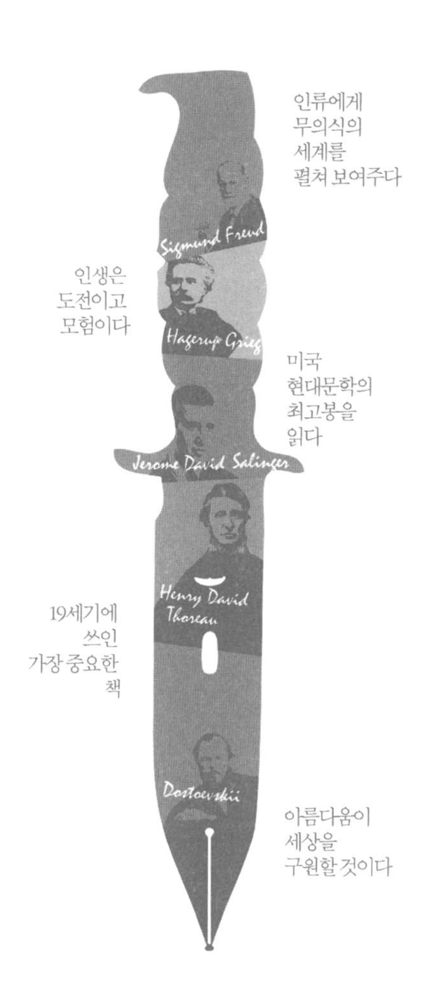

김병완의

고전불패

미래북
mirae book

고전을 가까이 하는 자는 결코 망하지 않는다

어느 날 전화가 한 통 걸려 왔다.

"김병완 작가님이시죠? EBS FM 〈고전 읽기〉의 PD입니다. 이번 가을 개편부터 김병완 작가님을 매주 금요일 저희 프로그램에 모시고 싶어서 전화 드렸습니다. 라디오 방송에 출연하셔서 매주 소개되는 한 권의 고전에 대해 작가님만의 깊고 넓은 해석을 해 주신다면 〈고전 읽기〉 프로그램이 더욱 빛날 것 같습니다."

"예? 라디오 방송 말인가요?"

"예, 작가님. 라디오 방송입니다."

"어! 제가 왜요? 저는 그냥 책을 좋아하는 사람인데요?!"

"예, 바로 그것 때문입니다. 작가님은 직장을 다 포기한 채 3년 동안 책만 읽으셨습니다. 그것도 만 권이나 되는 책을 말입니다."

"예. 그것은 사실입니다만, 저는 대학 교수도 아니고, 고전 전공자도 아닙니다."

"예, 잘 알고 있습니다. 바로 그러한 독특한 경력을 통해서 작가님만이 갖고 계신 고전에 대한 시각과 깊이 읽기의 정수를 청취자들에게 제공해 주고 싶습니다."

"근데, 제가 부산에 살고 있거든요. 생방송이니 매주 금요일마다 서울에 가야 된다면 제 생계는 누가 책임지나요?"

"……"

"아! 제가 뭐 하루 일당 안 받는다고 생계가 크게 위협받지는 않겠지요, 뭐. 하하, 재미있겠네요."

이렇게 해서 필자는 라디오 방송에 매주 출연하게 되었다. 처음에는 그저 책을 읽고 느낀 점을 말하면 되는 줄 알았다. 그리고 그 이상도 그 이하도 아니라고 생각을 했다. 하지만 한 달 정도가 지나자, 고전 깊이 읽기의 효과는 상상을 초월했다.

가장 큰 변화는 놀랍게도 필자의 의식이었다.

〈김병완의 고전불패〉라는 이 코너는 매주 금요일 4시 30분부터 50분까지 20분 동안 생방송으로 진행됐다. 20분이라는 시간 동안 위대한 고전 한 권에 대해 최고의 것들을 끄집어내서 청취자들에게 삶의 지혜를 전달해 주어야 한다. 이뿐만 아니라 한 권의 고전에 대해 반드시 위대한 사색의 기회인, '위대한 질문'을 던짐으로써 청취자들이 깊게 사색할 수 있도록 이끌고 '꼬리에 꼬리를 무는 고전 넘나들기'를 통해 한 권의 책에 매몰되기보다 다양한 고전과의 연결점을 발견하여 엮고 이어서 더 나은 통찰과 지혜를 배울 수 있도록 해야 했다. 그래서 20분이라는 시간이 최소한 필자에게는 엄청난 시간처럼 느껴졌다.

《고전불패》는 실제로 EBS FM 〈고전 읽기〉에서 매주 금요일 필자가 출연하여 진행한 〈김병완의 고전불패〉 코너 내용에서 다루었던 책들 중에서 가장 임팩트가 강했던 책들을 선정하여 독자들을 새로운 고전 읽기의 세계로 인도하는 책이다.

그런 점에서 이 책은 EBS 라디오에서 미처 말하지 못했던 더 많은 고전 읽기의 내용들을 담았다고 할 수 있다. 이 책을 통해 고전에 대한 시각을 넓힐 수 있을 것이라고 확신한다.

그저 읽기만 하면 백 번을 읽어도 무슨 내용인지, 어떤 의미인지 알 수 없을 때가 많고, 그저 눈으로 몇 번 읽었다고 해서 저절로 그 고전의 정수를 10%라도 얻을 수 있을 것이라는 생각은 오산이다.

그런 점에서 이 코너를 통해 청취자들은 매주 소개되는 책들에 대한 새롭고 폭넓은 시야를 얻을 수 있었을 것이다. 마치 장님의 눈을 뜨게 해 주어 세상을 처음으로 보게 해 주는 것처럼 말이다. 그러한 효과가 없다면 이 코너가 무슨 소용이었겠는가?

거리상 너무 멀고, 수익도 거의 없고, 교통비도 나오지 않는 상황에서 이 코너를 준비하고 출연하는 것이 너무 힘들었다. 배보다 배꼽이 더 크다는 말이 바로 이런 경우였다. 책도 써야 하고, 강연도 해야 하는데 하루를 거의 이 코너를 위해 할애해야 했고, 무엇보다 이 코너에서 제대로 된 고전 깊이 읽기의 정수를 전하기 위해 나름대로 많은 시간을 투자해야 했다.

6주 정도 하다 보니 너무 힘이 들었다. 시간과 노력과 에너지가 생각보다 많이 들었던 것이다. 그런데《카라마조프가의 형제들》이라는 책을 생방송으로 소개하고 있을 때, 많은 청취자들이 김병완 작가의 독창적인 해석을 통해 고전을 좀 더 깊이 있게 알게 되었다는 문자 메시지를 보내주었다.

그 문자 메시지들 덕분에 배보다 배꼽이 더 큰 이 일(?)을 당장 그만두지는 못했다. 역시 이 세상에는 돈보다 더 중요한 것들이 많다. 특히 사람을 움직이게 하는 것은 따지고 보면 돈이 아니라 눈에 보이지 않는 그 무엇이다. 물론 지금은 정말 불가항력적으로 그만두었지만 말이다.

목차

Chapter 2

페르 귄트 _인생은 도전이고 모험이다

Chapter 3

꿈의 해석 _인류에게 무의식의 세계를 펼쳐 보여주다

Chapter 8 월든 & 시민의 불복종 _19세기에 쓰인 가장 중요한 책

Chapter 9 사기열전 _어떻게 살아가야 할까?

대부분의 사람이 조용한 절망의 삶을 꾸려간다.
체념은 곧 절망으로 굳어진다.
우리는 절망의 도시에서 절망의 시골로 들어가
밍크와 사향쥐의 용기에서나
마음의 위안을 얻는 수밖에 없다.
진부하지만 무의식적인 절망이
인류의 오락거리와 유흥거리에도 감춰져 있다.
이런 기분풀이는 일한 후에나 가능하기 때문에 놀이하는 맛이 없다.
그러나 자포자기하는 짓을 하지 않는 것이 지혜의 한 특징이다.

헨리 데이비드 소로우, 《월든》 중에서

나는 누구에게 강요받기 위하여 이 세상에 태어난 것은 아니다.
나는 내 방식대로 숨을 쉬고 내 방식대로 살아갈 것이다.
누가 더 강한지는 두고 보도록 하자.

헨리 데이비드 소로우, 《시민의 불복종》 중에서

홍루몽

이 책은 만리장성과도 바꾸지 않겠다

《홍루몽》은 만리장성과도 바꾸지 않겠다.
_중국인들의 말

《홍루몽》은 적어도 다섯 번은 읽어야 한다.
《홍루몽》을 한 번 밖에 읽지 않은 사람들에게는 발언권을 주지 말라.
_최고 군사회의에서 모택동의 말

《홍루몽》이 나타난 뒤로 전통적인 사상과 작법이 모두 타파되었다.
_루쉰

《홍루몽》은 그 정교함과 규모에서 19세기 서양의 많은 걸작들을 능가하는 경이적이고 창조적인 작품임이 틀림없다.
_조나단 D. 스펜스

《홍루몽》은 지난 200년간의 중국 문명사에서 하나의 이정표가 되는 고전이다.
_앤드류 H. 플락스

스스로를 가치 있는 사람으로 만드는 일은
우주를 정복하는 일보다 더 위대한 일이다.

古典
不敗

중국과 중국인을 알고 싶다면
반드시 읽어야 할 소설

속담에 '열 길 물속은 알아도 한 길 사람 속은 모른다'는 말이 있다. 필자의 입장에서는 진짜 알 수 없는 묘한 사람들이 바로 중국인들이다. 왜냐하면 일단 중국인들은 수적으로 너무 많은 데다 약간 엽기적인 구석이 있다. 물론 한국인들도, 일본인들도 모두 다 정상인 것은 아니다. 하지만 특히 더 엽기적인 나라가 중국이라는 생각이 든다. 하지만 이것은 철저하게 중국과 중국인들에 대한 내 무지의 소산이라고 생각한다. 그러던 중에 필자가 맡은 EBS FM 〈김병완의 고전불패〉라는 코너에서 두 번째 책으로 선정한 책이 바로 이《홍루몽》이었다.

이 책을 한마디로 말하자면 '중국 최고 고전 문학의 정수'라고 할 수 있다. 양적으로 매우 방대한 소설이며, 가장 중국적인 중국인들의 이야기라고도 할 수 있다. 무엇보다 이 책을 읽으면 중국과 중국인들에 대해 잘 이해할 수 있다고 한다.

이 책이 중국과 중국인들을 이해할 수 있게 하는 이유는 중국을 대표하는 소설인《서유기》,《금병매》,《수호전》과 같은 책들이 모두 담겨 있는 책이 바로《홍루몽》이기 때문이다. '붉은 누각의 꿈'이라는 책 제목에서 알 수 있듯이, 이 소설은 삶의 철학을 품고 있는 가장 중국다운 사랑 이야기, 인생 이야기이다. 중국과 중국인에 대해 제대로 이해하고 싶거나 알고 싶다면《삼국지》나《사기》나《손자병법》보다는《홍루몽》을 먼저 읽어 봐야 한다.

중국의 어떤 유명한 작가는 이 책을 읽고 나서 비로소 작가의 삶을 살 수 있게 되었다고 말했다. 이처럼《홍루몽》이 위대한 소설의 반열에 오를 수 있게 된 데에는 두 가지 사실이 큰 역할을 했다고 할 수 있다.

하나는 80회로 미완성된 조설근의《홍루몽》뒷부분을 40회나 덧붙여 오늘날의 명성을 얻게 해 준 고악이 있었다는 사실이다. 고악은 자신이 40회의 뒷부분을 완성한 후 마치 조설근이《홍루몽》의 진짜 뒷부분을 쓴 것처럼 소문을 냈고, 여러 차례 120회분의《홍루몽》이 출간되게 했다.

또 다른 하나는 원작자인 조설근의 삶이었다. 조설근은 엄청난 귀족 가문에서 태어나 호사스러운 생활을 하기도 했고, 13세 이후부터는 북경에 살면서 가장 밑바닥의 궁핍한 생활도 경험하며 세상과 인간에 대한 통찰을 하게 된다. 그러한 자신의 경험과 통찰을 바탕으로 그는 500여 명이 넘는 각양각색의 인물들을 생동감 넘치게 표현했고, 인간 세상에 대한 심오한 철학과 정확한 통찰력을 책에 담아냈다. 단순히 언급되는 인물들까지 다 포함하면 이 책에 등장하는 사람은 800여 명이나 된다.

중국인들의 삶의 모습이 가장 잘 표현된 '중국 최고의 명작소설'이라고 평가 받는 이유가 여기에 있다. 몰락해 가는 가씨 가문의 이야기와 주인공인 가보옥과 임대옥, 설보차를 둘러싼 비극적인 삼각관계 사랑 이야기가 중국의 국토와 중국인들의 수만큼 방대하게 그리고 풍부하게 이 책에 담겨 있다.

중국인들을 행복하게 해 준다는 책

영국에는 엘리자베스 여왕과 비평가 토마스 칼라일이 인도와도 바꾸지 않겠다고 하는 위대한 작가 셰익스피어가 있다. 그것이 그 나라의 힘이다. 이처럼 중국인들 사이에서는 《홍루몽》을 '자신들을 행복하게 해 주는 책'으로 꼽고 있다. 실제로 중국에는 '《홍루몽》은 만리장성과도 바꾸지 않겠다'라는 말이 있을 정도다.

이런 점에서 볼 때, 한국인은 불행한 민족이다. 한국이 초강대국으로 도약하기 위해서 필요한 것은 국가의 군사력이나 경제력이 아니다. 가장 필요한 것이 수준 높은 고전 독서력이다.

중국은 국민들의 고전 독서 수준이 높기 때문에 만리장성과 바꾸지 않겠다는 책이 탄생하는 것이다. 그 책의 수준이 높아서 그런 것이 아니다. 한국에는 수준 높은 책이 많지만 '독도와도 바꾸지 않겠다'고 할 만한 책이 존재하지 않는다. 국민들의 독서 수준이 낮고, 책을 사랑하지 않기 때문이다. 자녀에게 공부를 시키기 위해서는 수천 만 원 과외비를 아까워하지 않지만, 독서법을 가르치기 위해서는 단 한 푼도 지출하지 않는 민족이 한국인이다. 그런 점에서 만리장성과도 바꾸지 않겠다는 책이 존재하는 중국이 부럽다.

《홍루몽》은 중국인들이 가장 사랑하는 소설이다.《홍루몽》에 대한 중국인들의 반응은 폭발적이다. 그리고 그 반응은 그 책이 써진 200년 전이나 지금이나 다를 바 없다. 식을 줄을 모른다. 하지만 한국인들에게는 《홍루몽》이 크게 인기가 있는 소설은 아니다. 그래서 읽은 사람이 별로 없을 정도이다. 이러한 사실을 중국인들이 알게 된다면 모두 놀랄 수밖에 없을 것이다. 그만큼 이 책이 중국인들에게 끼친 영향은 한두 가지가 아니다. 심지어 글을 쓰는 작가들에게도 매우 심오한 영향을 끼쳤다.

《아큐정전》의 작가인 루쉰은 《홍루몽》에 대해 이런 말까지 한 적이 있다.

"《홍루몽》이 나타난 이후로 전통 소설의 모든 사상과 작법이 타파되었다."

루쉰뿐만 아니라 많은 중국의 지성인들이 《홍루몽》에 대한 찬사를 아끼지 않았다. 문학가인 왕몽은 '《홍루몽》은 내 문화의 엑기스다'라고 말했고, 철학자 호적은 '《홍루몽》은 중국 근대문학의 핵심이다'라고도 말했다.

중국인들은 한국인들이 《홍루몽》이 아닌 《삼국지》에 열광하는 것을 보고 이해할 수 없다고 말한다. 그만큼 중국인들은 《홍루몽》을 사랑한다. 그렇게 중국인들의 사랑을 받기 때문에 그들이 모인 자리에서 한 번 거론되기만 하면 모든 화제들을 제치고 단연 화제의 중심으로 부상하는 것은 비일비재한 일이다. 그래서 중국인들은 이 책에 대해 '무궁무진하게 쏟아져 나오는 화제의 원천'이라고 말한다.

《홍루몽》에는 삶의 본질을 꿰뚫어 보는 가장 동양적인 통찰력이 담겨 있다. 즉, 이 책에는 불교적 세계관과 함께 도교의 신선사상이 절묘하게 결합되어 있다. 그 덕분에 이 소설은 '중국 고전 소설의 정화'라고까지 평가받고 있다.

이 책은 많은 중국인들을 행복하게 해 주었고, 인생을 바꾸었다. 청나라 시절에는 사대부들이 《홍루몽》을 화제로 꺼내지 않으면 아무리 책을 많이 읽어도 인정해 주지 않았다. 또한 중국의 쟁쟁한 지식인들이 《홍루몽》을 읽고 연구하고 전파했다. 한마디로 《홍루몽》 열풍이 200년 동안 식을 줄 몰랐던 것이다.

중국인들을 행복하게 해 주기 때문에, 《논어》는 몰라도 《홍루몽》은 안다고 할 정도로 오늘날까지 남녀노소 누구에게나 읽히는 이 책은 만리장성과도 바꿀 수 없다는 중국인들이 가장 사랑하는 책이다. 한마디로 중국 고전 문학의 백미다.

모택동과 《홍루몽》 이야기

모택동은 대단한 독서광이다. 그가 독서를 했기 때문에, 그것도 매우 지나칠 정도로 많이 했기 때문에 그는 중국의 국부가 될 수 있었다고 해도 과언이 아닐 것이다. 필자가 독서의 고수로 모택동을 선정할 만큼 그는 대단한 독서광이다. 그가 독서광이라는 사실과 이 책은 매우 큰 관련이 있다.

그가 1973년 중앙 군사위원회 회의를 할 때 있었던 일이다. 어떤 간부가《홍루몽》을 한 번 읽었던 것을 자랑 삼아 이야기한 것이다. 모택동은 이 사실을 알고 나서 이렇게 말할 정도로《홍루몽》을 아끼고 또 귀중하게 생각했다.

"《홍루몽》을 다섯 번 이상 읽기 전에는 회의에 참석하지 않는 것이 좋겠다. 다섯 번은 읽어야 발언권을 줄 것이기 때문이다."
"《홍루몽》은 다섯 번 이상 읽어야 이해할 수 있다."
"《홍루몽》을 읽지 않으면 중국 봉건사회를 이해할 수 없다."

그는《홍루몽》과 매우 인연이 많은 인물이다. 그가《홍루몽》을 매우 좋아했기 때문이다. 좋아한 것만이 아니라 그는 그 책을 매우 가치 있게 여겼다. 1976년 12월 26일 인민일보에 게재된 기사 내용을 보면 그런 사실을 알 수 있다.

"중국은 공업과 농업이 발달하지 못했고, 과학 기술 수준이 낮다. 땅이 넓고 물자가 풍부한 것, 인구가 많은 것, 역사가 유구한 것 그리고《홍루몽》이 있다는 것을 제외하고는 많은 측면에서 다른 나라보다 못하고, 자랑할 것이 없다."

모택동은《홍루몽》이라는 소설을 중국이 세상에 내놓고 자랑할 수 있는 유일한 4가지 중에 하나로 생각했던 것이다. 굉장한 자부심이 아닐 수 없다.

《홍루몽》을 찬양하고, 높게 평가한 인물 중에는 외국인들도 적지 않다. 미국 예일대 역사학과 석좌교수였고,《현대 중국을 찾아서》의 저자이기도 한 조나단 D. 스펜스는《홍루몽》에 대해 이렇게 평가한 적이 있다.

"《홍루몽》은 그 정교함과 규모에서 19세기 서양의 많은 걸작들을 능가하는 경이적이고 창조적인 작품임이 틀림없다."

프린스턴 대학 교수이자 중국 전문가인 앤드류 H. 플락스도《홍루몽》

에 대한 찬사를 아끼지 않았다.

"《홍루몽》은 지난 200년간의 중국 문명사에서 하나의 이정표가 되는 고전이다."

《홍루몽》 깊게 천천히 읽기

《홍루몽》에는 다양한 인간 유형들이 소개되어 나온다. 그중에서도 잊히지 않는 유형은 너무 지나친 꾀와 계책을 강구하다가 결국은 비참한 결말을 맞이한 가씨 가문의 실질적인 살림꾼이었던 왕희봉이다.

그녀는 금릉십이채의 한 사람이다. 가련에게 시집와서 수완이 좋아 살림을 도맡아 보았다. 하지만 문제는 그녀가 너무 자신의 능력을 믿고, 권력을 휘두르고, 불법으로 재물을 모으고, 주위 사람들을 죽음으로 내몰았다는 것이다. 그래서 그녀는 결국 자신의 꾀에 자신이 걸려 넘어지면서 비참한 결말을 보게 되었다.

"총명이 지나쳐 잔꾀를 다 부리다 제 꾀에 넘어가 목숨을 버렸구나! 살아생전 마음을 썩이더니 죽은 뒤엔 재주도 볼 수 없네. 부귀영화 누리며 편안히 살자더니, 집안이 망하여 산지사방 흩어지네. 반생을 불안 속에 갖은 애를 다 쓰더니 한밤중 단꿈같이 깨고 나니 허황하구나."

이 부분에서 우리가 명심해야 할 것은 무엇일까? 필자는 '너무 지나치게 꾀와 계책을 쓰면 결국 아니 한 것보다 더 못한 결과를 초래하게 될 것'이라는 사실을 깨달았다. 다시 말해, 너무 욕심내고, 너무 빨리 하려고 하고, 너무 잘 하려고 하고, 너무 많이 하려고 하지 말라는 것이다. 적당히 때로는 천천히 할 때 그것이 가장 좋은 것이다. '지나친 꾀와 계책이 도리어 화를 자초한다'는 의미의 단어가 바로 '기관산진機關算盡'이다. 《맹자》에 이런 이야기가 나온다.

어느 농부가 벼의 모를 빨리 자라게 하려고 논에 나가 모를 하나씩 잡아서 살짝 들어 올려 주었다. 하지만 그 때문에 논의 모는 모두 말라 죽어버리게 되었던 것이다.

결국 너무 욕심을 내고, 너무 빨리 무엇인가를 이루려고 하면 결국 제 꾀에 자기가 넘어가게 되는 것이다. 지나치게 욕심을 내고, 지나치게 꾀를 부리면 결국 자기 자신이 더 큰 손해를 보게 된다.

달도 차면 기울고, 물도 차면 넘친다. 빨리 피는 꽃이 빨리 진다. 높게 오른 만큼 떨어질 때 더 크게 다친다. 그러므로 천천히 적당히 너무 꾀를 부리지 말고 회사를 경영하고, 인생을 살아야 한다.

한 마디로 '인생무상人生無常'이라는 것이다. 인생은 덧없다. 그러므로 집착도, 욕심도, 야망도 다 내려놓고 하루하루 무엇이 될 것인가가 아니라 어떻게 살아나갈 것인가에 집중해야 한다.

수많은 사람들이 살아가는 모습을 적나라하게 그리고 생생하게 이 책을 통해 알게 되면, 인생을 좀 현명하게 살아나갈 수 있다. 이 책의 묘미는 여기에 있다. 이 책에는 그 어떤 지식이나 정보가 있는 것이 아니다. 뛰어난 통찰력이나 혜안이 담겨 있는 것도 아니다. 그저 수백 명이 넘는 등장인물들의 다양한 삶의 무늬가 녹아들어 있다. 그렇게 수많은 삶의 무늬들은 하나의 사실을 말해 준다.

인생은 덧없다는 것이다. 이 책의 제목이 암시하듯, 인생은 '일장춘몽一場春夢'인 것이다. 《전도서》에 나오는 한 문장이 이 책의 핵심 주제를 말해 준다.

> '헛되고 헛되며 헛되고 헛되니 모든 것이 헛되도다. 해 아래에서 수고하는 모든 수고가 사람에게 무엇이 유익한가?'

결론은 욕심 내지 말고, 집착하지 말고, 그 어떤 것에도 연연하지 말고 물 흐르듯 살아야 한다는 것이다.

책 속으로

왕희봉은 진가경과 각별히 친한 사이였다. 어느 날 저녁 왕희봉이 막 곤한 잠이 들려는데 홀연히 진가경이 방에 들어와서는 그녀를 보고 살포시 웃으며 "숙모님, 편히 주무세요! 전 숙모님을 뵙고 막 떠나려는 참이니 배웅하실 필요 없습니다. 숙모님과 평소 사이좋게 지내오던 터에 아쉽게 떠나게 되어서 이렇게 인사드리러 왔어요. 제가 생각해 오던 것이 하나 있는데 다른 사람에게는 몰라도 숙모님께는 꼭 말씀드려야 할 것 같아서요."라고 했다. 왕희봉은 깜짝 놀라서 "무엇인데? 뭐든지 내게 말하세요."라고 말했다. 그러자 진 씨가 말을 이었다.

"숙모님은 규방 중의 여걸로 관직에 있는 남자들보다도 뛰어나시면서 어쩌면 '달도 차면 기울고 물도 차면 넘친다'는 속담도 모르세요? 또 높이 오른 만큼 떨어질 때는 더 크게 다친다는 말도 있지요. 우리 가문이 명문세가로 이름을 널리 알린 지도 100년 가까이 되었으니 필경 영화로움으로 인한 즐거움이 슬픔으로 변하는 그날이 조만간 닥칠 것입니다. 그때가 되면 우리 가문도 한때를 풍미하던 쇠락한 가문으로 기억될 테니 나무가 부러지면 가지 위의 원숭이들이 뿔뿔이 흩어지는 것과 같은 이치랍니다."

왕희봉이 이 말을 듣고 두렵기도 하고 조급해져서는 그럼 부귀영화를 영원히 유지할 방편이 무엇이냐고 얼른 물었다. 그러자 진 씨는 쓸쓸하게 웃으면서 "좋은 운이 가면 나쁜 운이 오고 자고로 흥망성쇠는 돌고 도는 것이거늘 어찌 한결같기를 바라세요? 우리 집안은 지금까지 두 가지 일만 빼고는 모든 일이 순조롭게 잘 돌아가고 있습니다. 이 두 가지 일만 잘 처리하신다면 부귀영화가 영원히 계속 될 것입니다"라고 대답했다.

왕희봉이 그 두 가지 일에 대해 묻자 진 씨는 상세히 설명해 주고는 마지막으로 이렇게 덧붙였다.

"오래지 않아 집안에 큰 경사가 있을 것입니다. 하지만 이는 순간의 영화요, 곧 지나가 버릴 즐거움임을 기억하셔야 해요. 그리고 흥겨운 연회도 파할 때가 있다는 옛말을 절대 잊어서는 안 됩니다."

왕희봉은 진 씨가 언급한 큰 경사가 대체 어떤 경사인지 끈질기게 물었으나 진 씨는 천기를 누설할 수 없다며 입을 다물었다. 왕희봉이 다시 입을 열어 뭔가 물어보려다가 홀연 중문에 걸려 있는 운판이 연달아 네 번 울려 그 소리에 놀라 잠에서 깨어났다. 그때 누군가가 "동부 댁의 새아씨가 돌아가셨다"고 아뢰니 왕희봉은 순간 모골이 송연해지며 온몸에 식은땀을 쫙 흘렸다.

중국 속담의 보고 《홍루몽》

《홍루몽》의 가장 큰 매력 중에 하나는 중국 속담이 무궁무진하게 담겨져 있다는 것이다. 책 속에 소개되는 속담들을 찾아 초록하고 정리하는 재미도《홍루몽》을 읽는 또 하나의 즐거움이다. 이 책에 나오는 중국 속담들은 방대한 양에 비례하여 웬만한 중국 속담은 다 들어있다고 해도 과언이 아니다.

필자가 EBS FM 〈김병완의 고전불패〉를 진행하면서 '《홍루몽》 속에 숨어 있는 주옥같은 중국 속담 베스트 5'를 발표한 적이 있다.

첫 번째 중국 속담은 '사람을 막다른 골목까지 몰아넣으면 안 된다'는 말이다.

우리 주위에 보면 말다툼을 벌여도 상대방을 완전히 초주검 만들기 전까지는 멈추지 않는 사람들이 간혹 있다. 이런 사람들은 자신의 이런 성격이나 습관으로 인해서 큰 화를 자초하게 될지도 모르기 때문에 하루 빨리 고쳐야 한다.

지렁이도 밟으면 꿈틀거린다고 했다. 사람은 오죽할까? 상대방이 설사 잘못을 했다고 해도 절대로 밑바닥까지 밟고 몰아붙이면 안 된다. 도둑을 잡을 때도 이런 원리가 그대로 적용이 된다.

쥐도 사람도 궁지에 몰리면 상대가 아무리 막강하더라도 덤벼들 수밖에 없다. 살기 위해 죽기 살기로 덤벼드는 것이 자연의 이치이다. 그러므로 사람을 막다른 골목까지 몰아넣으면 안 되는 것이다. 상대방을 배려하는 것을 떠나 자기 자신이 상대방으로부터 역으로 위협을 받고, 공격을 받지 않기 위해서라도 상대방을 끝까지 몰아붙이면 안 된다.

두 번째 속담은 '성대한 잔치도 끝이 있기 마련이다'라는 말이다. 이와 비슷한 말이 '권불십년權不十年'이다. 권력은 십 년을 넘지 못한다는 말로 이 세상에 영원한 것은 존재하지 않는다는 말로 해석해도 될 것이다. 즉, 잘나갈 때는 그것이 계속 될 것이라고 자만해서는 안 될 것이고, 못나갈 때는 그것이 평생 그렇게 유지될 것이라고 좌절해서도 안 될 것이다.

이와 비슷한 속담이 '삼대 부자 없고, 삼대 거지 없다'는 말이다. 물론 예외는 있다. 하지만 대부분의 경우에 이렇다고 볼 수 있다. 그러므로 자만하지 말라. 그렇기 때문에 교만하지 말라. 항상 초지일관初志一貫하는 자세가 중요하다.

세 번째 속담은 '황제도 가난한 친척 집안이 셋이나 있다'이다.

겉으로 봐서 엄청난 부자들은 마냥 행복할 것 같은 생각이 든다. 하지만 부자들은 부자 나름대로 아픔과 상처가 있다. 한국에서도 대기업 회장의 딸이 먼 외국 땅에서 자살하는 비극적인 일이 발생했던 적이 있다. 알게 모르게 겉으로 마냥 행복할 것 같기만 한 그런 부자들도 나름대로의 괴로움이 있는 법이다.

황제가 되었든, 대통령이 되었든 사람의 삶은 다 비슷비슷한 것이 아닐까? 특히 그 사람이 완전한 고아라면 모를까 그렇지 않고서는 남들에게 있는 것은 자신에게도 어느 정도 있음을 부인할 수 없을 것이다.

네 번째 속담은 '대장부는 때를 살펴서 행동한다'이다.

아무 생각도 없이 날 뛰는 것은 경솔한 행동이다. 특히 당신이 대장부라면 절대로 이렇게 행동하면 안 된다. 잘나갈 때는 더욱더 겸손해야 하고 겸허해야 한다. 성공했을 때는 더욱더 친절해야 하고, 배려 있는 행동을 해야 한다. 많은 사람들이 보기 때문이다.

반대로 실패를 했을 때는 오히려 더 활기차게 행동해야 한다. 그리고 시련이나 역경을 만났을 때도 평소보다 더욱 정신을 집중하여 도전하고 노력해야 한다.

다섯 번째 속담은 '길한 것을 따르고 흉한 것은 피하는 이가 군자다'이다.

이 속담 역시 앞에서 언급한 네 번째 속담과 비슷한 의미를 가지고 있다. 때를 따라서 행동하라는 이전 속담을 좀 더 확장시켜 사물에 따라서 행동을 달리하라는 말이다. 이것은 사람을 만났을 때도 그대로 적용된다.

어떤 사람을 만났을 때는 친하게 지내고, 어떤 사람을 만났을 때는 피해야 한다는 말이다. 이 말은 사람을 차별하라는 말이 아니다. 자신의 인생이 걸린 선택을 할 때 명심하라는 말이다. 자신이 어떤 장수를 선택할 때, 무턱대고 하는 것이 아니라 가려서 해야 한다는 것이다. 회사를 선택할 때도, 누군가를 만날 때도, 어디를 방문할 때도 그렇다는 것이다. 하물며 새도 역시 나무를 가려서 둥지를 짓는 법이다. '양금택목良禽擇木'이란 말이 바로 이런 의미이다.

공자가 바로 현명한 인물이었음을 알게 해 주는 일화가 있다. 공자가 위衛나라에 머물 때의 일이다. 어느 날 공문자가 찾아와 전쟁에서 어떻게 이길 수 있는지 물었다. 그러자 공자가 이렇게 대답했다고 한다.

"저는 제사 지내는 일이라면 드릴 말씀이 있으나 전쟁에 대한 것은 아는 바가 없어 드릴 말씀이 없습니다."

이런 대답을 한 후 공자는 제자들에게 서둘러 떠날 준비를 하게 했다. 제자가 이것을 이상하게 생각하여 물었다.

"대신이 스승님을 찾아왔는데 어찌 떠나려 하십니까?"

이에 공자가 대답했다.

"어진 새는 나무를 가려서 둥지를 트는 법이다. 현명한 신하 또한 훌륭한 군주를 모셔야 한다."

군자는 사리에 밝아 유연하고 여유롭지만, 소인은 명리를 찾아 늘 초조하고 걱정스러운 법이다. 상대를 가려서 만나고 행동한다는 것은 사람을 차별하라는 것이 아니라 사사로운 이익을 좇지 말고, 의리를 따르라는 말이다.

최고의 삶은 물과 같은 삶이다. 현실에, 이익에 너무 집착하다 보면 편협하고 작은 인간밖에 될 수 없다. 물처럼 구름처럼 그 어떤 것에도 연연하지 말고, 집착하지 말고, 머물지 말고 흐르듯이 살아야 한다.

길한 것은 정당한 것이고, 의로운 것이고, 공명정대한 것이다. 흉한 것은 이익에 집착하는 것이고, 사사로운 것이다. 그래서 군자는 의에 밝고 소인은 이익에 밝은 것이다.

눈앞의 이익에만 급급한 것은 흉한 것을 따르는 것이고, 이익을 만나도 그것이 정당한 것인지 아닌지를 따지고 행동하는 것은 길한 것이다. 일을 너무 빨리 진행하려고 하는 것은 흉한 것이며, 자연스럽게 물처럼 흐르듯이 느긋하게 진행하려고 하는 것은 길한 것이다. 너무 잘 하려고 욕심을 내는 것은 흉한 것이고, 사심을 버리고, 집착을 버리고 물 흐르듯 자연스럽게 하는 것은 길한 것이다.

인생의 모든 문제는 욕심 때문에 생긴다. 너무 많이 하려고 하고, 너무 빨리 하려고 하고, 너무 집착하기 때문에 생긴다.

《홍루몽》을 통해 배울 수 있는 삶의 지혜

이 책을 통해 우리가 배워야 할 교훈은 무엇일까? 이 책을 통해 배울 수 있는 가장 큰 교훈을 한 마디로 정리하면, '인생무상人生無常'이다.

인생은 한낱 꿈과 같은 것이므로 너무 그렇게 집착하거나 연연하지 말라는 것이다. 현실을 초월해서 초인과 같은 삶을 살라는 것이다. 니체가 말한 '초인超人'처럼 말이다.

현대인들은 모두 부와 성공을 위해서 너무나 열심히, 너무나 바쁘게, 너무나 치열하게 살아가고 있다. 이 책은 그런 사람들에게 이렇게 이야기하고 있는 것처럼 느껴진다.

"부와 성공에 집착하지 말고, 지금 이 순간을 즐겨라."

당신이 지금 이 순간 행복하지 않다면 그것은 전적으로 당신의 문제일 뿐이다. 당신보다 더 못한 인생을 살아가는 사람들 중에서 당신보다 더 행복하게 살아가고 있는 사람들이 수천만 명은 더 될 것이라는 사실을 명심하자.

행복의 문제는 연봉이나 사회적 지위와 관련된 것이 아니라, 당신의 마음과 직결되어 있는 문제이다. 당신이 부와 성공에 집착하기 때문에 자꾸 비교하고, 비교하니까 자꾸 초라해지고 우울해지는 것이다. 정말 행복한 삶은 절대 비교하지 않는 삶이다. 진짜 행복한 사람은 집착하지 않는다. 욕심을 비울수록 그만큼 더 행복해 질 수 있다.

《홍루몽》이라는 이 책을 통해 배울 수 있는 한 가지 삶의 지혜는 '집착하지 말라'는 것이다. 물 흐르듯 욕심을 버리고 살라는 것이다.

인생의 의미와 가치는 돈이나 성공에 있는 것이 아니다. 자신의 성장과 발전에 있고, 현재를 즐기며 사는 것에 있다. 그렇기 때문에 무엇이 되려고 아등바등 사는 사람이 되기보다는 하루하루를 알차게 즐겁게 행복하게 살아가는 사람이 되어야 한다. 그런 과정을 통해 성장하고 발전하는 사람이 훨씬 더 위대한 인생을 살게 되기 때문이다.

100년 정도 밖에 안된 서양의 자기계발은 아등바등 살라고 말한다. 그래서 꿈과 목표를 이루고, 부자가 되고, 출세하라고 말한다. 하지만 5000년이나 된 동양의 자기계발은 사사로운 이익보다는 먼저 의를 생각하라고 말한다.

전체를 생각하라는 것이다. 그렇게 하기 위해서는 욕심을 버리는 것이 가장 먼저여야 한다. 서양의 자기계발이 무엇이 되게 하는 것이라면, 동양의 자기계발은 어떻게 사느냐 하는 것에 더 초점을 맞추고 있다. 그런 점에서 동양의 자기계발이 서양의 자기계발보다 더 위대한 인생을 살 수 있게 해 주는 자기계발인 것이다. 최소한 필자는 그렇게 생각한다.

필자가 좋아하는 말 중에 이런 말이 있다.

"어떤 물건이 자기의 것이라면 어떻게든 자기 것이 되고, 그렇지 않으면 잠시 가지게 되더라도 언젠가는 잃어버린다."

세상의 모든 것에 너무 욕심을 내지 말고 살아가라는 말이다. 필자는 지금까지 살면서 깨달은 것들 중에 하나가 바로 자기 자신을 버리면 더 쉽게, 더 잘, 더 빨리, 더 많이 자신을 얻게 된다는 노자의 '무사성사無私成私'원리이다. 자신의 성공과 욕심과 부를 모두 버리고, 다 내려놓으니까 오히려 더 빨리 성공하고, 더 높게 성공하고, 더 멀리 성공하게 되었기 때문이다.

《홍루몽》을 한마디로 요약하면

이 책을 한마디로 설명하자면, '가장 중국적인 중국인들의 삶이 담긴 중국 고전 소설'이라고 할 수 있다.

중국 청나라 때 저술된 최고의 걸작이다. 진짜다. 근대에 중국인들이 살아가는 생생하고 리얼한 모습이 가장 잘 담겨 있는 작품이다. 그래서 중국인들의 삶의 모습이 가장 잘 묘사된, 중국을 대표하는 근대 소설인 것이다.

중국인들이 만리장성보다 더 귀중하게 생각하는 이 책은 하나의 소설이 아니라 하나의 학문으로 승화되기도 했다. 그래서 '홍학紅學'이라는 학문이 탄생하게 되었다. 그만큼 중국인들에게 이 책은 독보적인 가치를 가지고 있는 셈이다.

필자는《홍루몽》을 한마디로 이렇게 요약했다.

'《홍루몽》은 근대를 대표하는 중국인들의 삶과 철학이 담긴 가장 중국다운 중국인들의 사랑과 삶의 이야기'

하지만 한마디로 방대한 이 책을 설명하기에는 어딘가 부족해 보인다. 좀 더 자세하게 요약을 해야 할 것 같다.

'우유부단한 성격의 주인공 가보옥의 삼각관계 사랑 이야기와 한 집안의 흥망성쇠를 통해 중국인들의 삶의 모습과 철학이 고스란히 녹아들어 있는 대하 장편 소설'

《홍루몽》은 중국 최고의 소설이다. 명실상부한 최고의 책이다. 중국을 대표하는 책이며 중국인들이 가장 사랑하는 책이고, 중국과 중국인들을 알기 위해서는 반드시 읽어야 하는 책이다. 중국을 이해할 수 있는 거대하고 선명한 중국 문화의 모든 것이 이 책에 담겨 있기 때문이다.

마지막 120회에는 후세 사람들이 이 책에 대해서 평가하는 말을 덧붙여 놓았다. 그들은 한 문장으로 인생의 허무함을 더욱더 꼬집어 놓았다.

"피눈물로 쓰인 이 이야기는 황당할수록 더욱 구슬프도다. 애당초 다 같은 꿈이었던 것을 세인들의 어리석음 비웃으면 어쩌랴!"

한낱 부질없는 이야기에 불과한 이 책은 거대한 중국과 중국인을 이해할 수 있는 중국의 문화 코드가 되어 버렸다.

《홍루몽》의 꼬리에 꼬리 물기

EBS FM 〈김병완의 고전불패〉라는 코너를 진행하면서 몇 가지 포맷을 가지고 있었는데 그중에 하나가 '김병완의 꼬리에 꼬리를 무는 고전 넘나들기'였다.

이것이 무엇이냐면, 읽고 있는 책의 문장이나 주제 혹은 이야기를 토대로 하여 시간과 공간을 초월한 다른 고전들을 맛볼 수 있게 한두 마디로 다른 고전들을 다양하게 소개하는 것이다. 하지만 무턱대고 소개하면 이상하다. 그래서 읽고 있는 책과 연관이 있는 문장이나 단어, 주제 혹은 이야기를 토대로 하여 자연스럽게 이어지는 다른 고전들을 찾아서 이 책이 말하고자 하는 주제나 이야기를 좀 더 넓게 그리고 깊게 이해할 수 있도록 하는 것이다.

첫 번째 꼬리가 되는 문장은 '미중부족 호사다마美中不足 好事多魔'였다.

아무리 아름답고 훌륭하다 해도 부족함이 있는 법이다. 아무리 좋은 일이 많다고 해도 그만큼 안 좋은 일도 많은 법이다. 이 꼬리를 물고서 두 번째 나타나는 꼬리가 바로《주역》에 나오는 '물극필반物極必反' 이라는 사자성어이다. '사물이 극에 달하면 반드시 반전이 있게 마련'이라는 뜻으로 여기에 계속 다음과 같은 꼬리들이 꼬리를 문다.

'달도 차면 기운다'는 말이 있듯이 행복한 것도 즐거운 것도 차고 넘치면 후에는 반드시 불행이 닥쳐오게 된다는 말이다.《명심보감》에도 이와 비슷한 말이 나온다. '즐거움이 극에 달하면 근심하게 된다'는 말이다. 《주역》으로 다시 돌아가 보자. 이 의미와 가장 비슷한 말이 나온다. '궁즉변 변즉통 통즉구窮卽變 變卽通 通卽久'이다. '궁하게 되면 변하고, 변하게 되면 통하고, 통하게 되면 오래 간다'는 말이다.

위대한 질문을 던져라

고전을 읽는 독자들에게 필자는 한 가지 부탁하고 싶은 것이 있다. 고전을 읽고 그냥 책을 덮어 버리지 말고, 고전을 읽을 때마다 스스로에게 위대한 질문을 던져보라는 것이다.

자, 그렇다면 이 책을 읽고 당신은 어떤 위대한 질문을 던질 것인가?

필자의 경우도 방송을 통해서 위대한 질문을 던진 적이 있다. 필자가 던진 위대한 질문은 이것이었다.

"당신은 지금 무엇을 위해 살고 있습니까?"

뜬구름과 같은 부귀영화에 목숨을 걸고, 인생의 소중한 것들을 낭비하고 포기하면서까지 그런 것들을 얻기 위해 열심히만 살아가고 있는 건 아닌지 스스로를 되돌아보아야 할 것이다.

세상의 부귀영화를 위해서 살기보다는 자신의 발전과 성장을 위해서 사는 것이 훨씬 더 가치 있는 일이다. 부귀영화는 얻었다고 해도 자신의 것이라고 말할 수 없다. 그냥 돌고 도는 것이다. 하지만 자신의 성장과 발전은 한 번 이루게 되면 그만큼 자신의 것이 된다.

스스로를 가치 있는 사람으로 만든다는 것은 최고로 멋진 일이 아닐 수 없다. 뿐만 아니라 그것은 우주를 정복하는 일보다 더 위대한 일이다. 우주보다 한 사람 한 사람의 삶에 더 중요한 의미가 있기 때문이다.

그런 의미에서 '인생 뭐 있어?'라고 말하는 사람과 사귀지 마라. 독서를 하지 않아서 의식 수준이 낮은 사람들에게 인생은 아무것도 없는 그런 무가치한 것으로 전락되고 만다. 그래서 하루하루 남들처럼 그렇게 살아가는 것이 가장 시급한 일이고, 중요한 일이 된다. 하지만 독서를 통해 자신의 발전과 성장을 이룬 사람들에게 인생은 엄청난 기회와 가치가 있는 어마어마한 것이 된다. 독서를 해야 하는 이유가 바로 여기에 있으며 돈이나 성공보다 먼저 자신의 발전과 성장을 이루어야 할 이유가 바로 이것이다.

인생 뭐 있도록 자신의 인생을 만드는 사람이 되어야 한다. 세종대왕보다 더 위대한 인물로 자신을 도약시키는 사람은 '인생 뭐 있어?'라고 쉽게 말하지 않는다. 이순신 장군보다 더 큰 일을 할 수 있는 사람이 되어 인류와 민족을 위해 엄청난 일을 하는 사람은 절대로 '인생 뭐 있어?' 라고 쉽게 말하지 않는다.

고전의 힘은 바로 이것이다. 스스로에게 위대한 질문을 던져, 자신을 위대하게 만들어 나갈 수 있게 길을 열어준다는 것이다.

페르 귄트

인생은 도전이고 모험이다

여기에 하나의 길이 있다. 다음은 어디인가?
사람은 모든 것을 시험해 보고, 최상을 선택할 노릇이다.
나는 그렇게 해 왔다. 멀리 시저로부터 시작하여 네브카드네잘에 이르기까지.
페르 귄트의 대사 중에서

내가 한 번도? 이건 웃기는 군! 페르 귄트가 자기 이외였다니!
아니 아니, 단추쟁이 영감, 눈 뜬 장님이로군.
당신이 내 창자 속을 들여다볼 수 있다면 발견하는 것은,
오직 페르, 페르, 다른 것이라곤 눈곱만큼도 없어.
페르 귄트의 대사 중에서

(집에 다가간다) 가는 길도 오는 길도 한결같이 멀다. 나기도 들기도 한결같이 좁다.
(멈춰 선다) 아니! 격한, 쉼 없는 탄식처럼 안으로 집으로!
저기에 돌아가라고 하고 있네.
페르 귄트의 대사 중에서

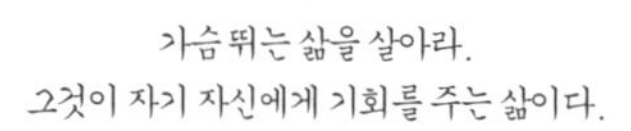

가슴 뛰는 삶을 살아라.
그것이 자기 자신에게 기회를 주는 삶이다.

古典
不敗

《페르 귄트》 얇게 빨리 읽기

노르웨이 극작가 헨릭 입센의 희곡인《페르 귄트》를 읽어 본 독자들은 많지 않을 것이다.《고전불패》를 읽은 후 반드시 찾아서 읽어 보기 바란다. 다만《페르 귄트》라는 책에 대해서 이야기를 나누기 위해서 얇게 한 번 훑어보는 것도 나쁘지 않을 것 같다.

이 책은 출간 당시 노르웨이인들이 이기적이고 비도덕적이며 비양심적으로 인식될 수 있는 책이라고 여겨져서 거센 비판과 항의를 받기도 했다. 간단한 줄거리를 말하자면 이렇다.

이 책의 시작인 1막에서는 부유한 농부의 외아들로 태어났지만, 아버지가 재산을 다 날리고 세상을 떠나 가난하게 홀어머니와 함께 살고 있는 주인공 페르 귄트에 대한 이야기가 담겨 있다.

주인공 페르 귄트는 천성이 게으르다. 그래서 사람들로부터 조롱과 비웃음을 받는다. 그가 마을 사람들의 비웃음과 조롱을 받은 이유는 뻔하다. 그는 일하기 싫어하고, 엉뚱한 상상만 하고, 지나친 공상에만 빠져 살기 때문이다.

몰락한 지주의 아들로서, 어머니의 간절한 바람에도 페르 귄트는 갈수록 문제아로 성장해 버린다. 결혼을 앞두고 있는 잉그리드를 결혼식장에서 납치해 달아나는 것으로 1막은 끝난다. 이 과정에서 페르 귄트는 결혼식 축하 파티에서 솔베이지를 만나 첫눈에 반하지만, 납치한 여성은 사랑에 빠진 여성이 아닌 다른 남자와 결혼을 앞두고 있는 신부였다. 페르 귄트가 그녀를 납치한 이유는 충격적이다. 화사하게 신부로 단장한 여성을 보자, 망상에 사로잡히게 되었기 때문이다.

2막에서는 페르 귄트가 납치해 온 잉그리드에게 싫증이 나서 그녀를 버리고, 다시 산속을 방황하던 중 새로운 여자인 마왕의 딸을 만나게 되고 청혼하게 된다. 마왕의 딸과 함께 간 왕국에서는 트롤과 각종 요괴들이 그들을 맞이한다. 여기서 페르 귄트는 마왕으로부터 몇 가지 요구를 받는다.

왕국을 물려받으려면 기독교인의 옷을 벗고 트롤처럼 꼬리를 달아야 한다는 것과 같은 요구들이었다. 페르 귄트는 이를 받아들이지만 곧 마왕의 딸이 추는 춤을 보고 역겨움을 느껴 무례한 말을 내뱉게 된다. 이를 보고 화가 난 마왕이 페르 귄트를 공격하라고 트롤들에게 명령한다. 트롤들이 페르 귄트를 향해 덤벼드는 그 절체절명의 순간, 교회의 종소리가 울려 퍼지고 트롤들이 무기력해지면서 페르 귄트는 간신히 도망쳐

나올 수 있게 되었다. 2막은 한마디로 트롤의 왕국에서 페르 귄트가 펼치는 모험 이야기다. 트롤 왕국에서의 모험이 끝나고 3막이 시작된다.

3막에서는 숲속에 오두막집을 지어 생활하는 페르 귄트가 잠시 솔베이지를 만나는 이야기로 시작된다. 솔베이지와 페르 귄트는 다시 만나 사랑의 희열로 가득 차게 되지만, 솔베이지에 대한 질투심으로 충만해 있는 마왕의 딸이 나타나 페르 귄트를 괴롭힌다.

페르 귄트는 자신이 사랑하고 있는 솔베이지에게 어떤 해가 미칠 것을 두려워하여 혼자 고향으로 떠나고, 고향에서 노모의 임종을 보게 된다. 그 후 페르 귄트는 다시 먼 바다로 정처 없이 방랑의 길에 오른다.

4막은 장사로 거부가 된 페르 귄트 이야기로 시작된다. 노예 매매, 쌀 매매 등으로 거부가 된 페르 귄트는 여기에 만족하지 않고 더 큰 망상을 품는다. 그 망상은 바로 더 큰 거부가 되어 전 세계의 왕으로 군림하겠다는 것이다. 이러한 망상을 품고 욕심을 내면, 이성을 잃게 되는 것이 당연하다. 그래서 쉽게 누군가로부터 사기를 당하고, 배신을 당하게 되는 것이다. 페르 귄트도 역시 상인들의 배신으로 어이없이 빈털터리로 전락하고 만다.

빈털터리가 되었지만 인생은 새옹지마라고 하지 않았던가? 우연히 말과 보석과 옷을 얻게 되어 예언자처럼 행세하다가 아라비아 추장의 의붓딸 아니트라를 만나 첫눈에 반하게 되고, 그녀를 농락하며 거드름을 피운다. 하지만 아라비아 추장의 의붓딸 아니트라는 자신에게 반한 페르 귄트의 재물만 다 챙겨 훌훌 떠나 버리고, 배신을 당한 페르 귄트는 이로 인해 다시 빈털터리가 된다. 게다가 정신이상자로 몰려 입원을 강요당하기도 한다.

5막에서는 시간이 한참 흐른 후 백발이 다 된 페르 귄트가 등장한다. 시간이 한참 흐른 후이기에 다시 페르 귄트는 부자가 되어 있었고, 고향으로 돌아가는 배의 갑판 위에 서 있다. 하지만 폭풍을 만나 조난당하는 바람에 그는 다시 모든 재산을 잃고, 목숨만 건져서 우여곡절 끝에 고향으로 돌아오게 된다.

고향에 돌아온 페르 귄트를 아무도 알아보지 못하는 것은 당연한 일이었다. 자신의 옛날 집인 줄도 모른 채, 자신의 허무한 인생을 회상하고 있는 그에게 솔베이지의 노래가 조용히 들려온다. 그때서야 비로소 페르 귄트는 가장 중요한 사실을 깨닫게 된다. 자신이 그토록 찾아 헤매고 이루고자 했던 자신의 왕국이 세상 그 어디도 아닌 바로 자신의 고향, 자신의 집임을 말이다.

깨달음을 얻은 페르 귄트는 비로소 솔베이지에게 깊은 사죄를 하게 되고, 솔베이지는 여전히 그를 사랑하기에 용서하고 받아들인다. 결국 자기를 버리고 도망간 구제불능의 방탕한 연인을 한평생을 다 바쳐, 백발이 될 때까지 기다리고 잊지 않았던 솔베이지는 결국 그를 구원해 주는 숭고한 여성이 된다.

망상에 사로잡혀 평생을 살았던, 그리고 이제는 빈털터리 백발이 된 페르 귄트는 평생을 다 바쳐 자신을 기다려준 백발의 솔베이지의 품에 안겨 생을 마감한다.

《페르 귄트》와 《그리스인 조르바》

《페르 귄트》와 《그리스인 조르바》를 비교해 보면 어떨까? 이 두 권의 책이 독자들에게 던져주는 핵심 메시지는 각각 무엇일까?

《페르 귄트》는 인간답게 살고, 인간다워지고, 자기 자신이 되라고 말한다. 물론 역설적이지만 말이다. 하지만《그리스인 조르바》는 인간답게 살아야 한다는 의무감보다는 조금 가볍다. 아니 그냥 가볍다고 하기에는 너무 진지하다.

《그리스인 조르바》는 지금 이 순간을 즐기면서 자유롭게 살라고 말한다. 하지만 그냥 자유롭게 아무렇게나 살라고 말하는 것이 아니다. 기존의 사회에서 만들어진 틀에서 벗어나서 마음껏 살아보라는 것이다. 그래서 이 책을 읽고 인생이 달라진 사람들이 적지 않다.

《그리스인 조르바》는 이미 많이 알려졌고, 많은 사람들의 인생을 바꾸어 놓았다. 이에 반해 이 책과 견줄 수 있는《페르 귄트》는 많이 알려지지 않았다.

그 이유는 무엇일까?

《그리스인 조르바》는 물론 1964년에 영화화되어 유명세를 타기도 했다. 이때 등장인물이 바로 유명한 배우 안소니 퀸, 앨런 베이츠 등이었다. 《그리스인 조르바》의 인기가 어느 정도인지 알 수 있을 것이다. 하지만 《페르 귄트》도 어느 정도 유명세를 타기도 했다. 다만 영화가 아니라 음악과 연극을 통해서였다.

《페르 귄트》는 북유럽 예술인들에게 예술적인 영감을 많이 준 작품으로 평가할 수 있다. 《그리스인 조르바》가 철저하게 현실적이었다면, 《페르 귄트》는 지독하게 비현실적이다. 그래서 페르 귄트는 몽상가이자 허풍쟁이인 것이다.

작곡가 그리그는 헨릭 입센의 부탁으로 100여 명에 달하는 등장인물이 나오는 방대한 분량의 《페르 귄트》를 위한 곡을 만들었고, 예상치 못하게 그 곡은 대성공을 거두어 그리그의 대표작이 되어 버렸다.

《그리스인 조르바》는 소설이지만, 《페르 귄트》는 2부 5막 38장으로 구성되어 있는 희곡이다. 그리고 여기에 등장하는 북유럽의 신화 속에 나오는 트롤은 이제 노르웨이의 마스코트가 되었다.

《그리스인 조르바》와 《페르 귄트》의 가장 큰 차이는 한 명의 삶을 보면, '저렇게 사는 것이 행복이고 자유이구나, 저렇게 살고 싶다'는 것을 느끼게 되지만 다른 한 명의 삶을 보면, '저렇게 사는 것이 잘못이구나, 저렇게 살면 안 되겠구나' 하는 교훈을 얻게 된다는 것이다. 하지만 그럼에도 불구하고 《페르 귄트》는 다른 책에서 깨달을 수 없는 깊은 지혜도

선사해 준다. 그리고 그것만으로도 이 책은 읽어봐야 할 가치가 충분한 책으로 평가하기에 넘친다고 생각한다.

《페르 귄트》를 통해 배워야 할 인생의 지혜

이 책을 통해 독자들이 스스로에게 던져야 하는 위대한 질문은 무엇일까?

"당신은 단 한 번이라도 진정한 자기 자신이었던 적이 있습니까?"

바로 이것이다. 진정한 자기 자신으로 삶을 살았던 적이 있는가에 대해 묻고 있다. 진정한 자기 자신으로 산다는 것은 어떤 것인가? 그것은 바로 자기 자신에게 기회를 주는 삶이다.

자기 자신에게 기회를 줘라. 돈이나 명예를 얻기 위해 당신은 자기 자신을 착취하고 있는 것은 아닌가? 타인이 원하는 것을 하기 위해 당신은 자기 자신에게 기회를 박탈하지는 않았는가?

가슴 뛰는 삶을 살아라. 그것이 자기 자신에게 기회를 주는 삶이다. 그것이 진정 자기 자신으로 살아가는 삶이다. 가슴이 뛰지도 않는 삶을 살기 위해 그렇게 열심히 배우고 공부하고 일하고 돈을 벌고 살아가고 있는가? 과연 무엇을 위해서 말인가?

우리는 너무 가식적으로 살고, 거래적으로 살고, 타협하면서 살고 있다. 이런 삶이 최선인 양 그렇게 살고 있다. 하지만 페르 귄트는 최소한 그렇게 살지 않았다. 페르 귄트와 비슷하게 몽상에 사로잡혀 우스꽝스러운 삶을 살았던 사람이 또 한 명 있다.

스페인을 대표하는 소설가이자 극작가인 세르반테스의 소설《돈키호테》에 등장하는 주인공이다. 돈키호테는 누가 보면 정신이상자로 보인다. 그만큼 자신만의 망상 속에 사로잡혀 살아가는 인물이다. 하지만 우리가 이런《돈키호테》와《페르 귄트》를 읽는 이유가 무엇일까?

비록 실패한다고 해도, 비록 꿈이 실현되지 않을지라도 우리는 현실과 타협하여 자기 자신이 아닌 그 무엇인가로 살아가는 것보다는 단 한 번이라도 진정한 자기 자신으로 살아보는 것에 대한 기대와 희망 때문이다.

가장 멋진 삶은 희망을 놓치지 않고, 자기 자신의 삶을 추구하고, 도전하고, 시도하는 삶일 것이다. 그렇기 때문에 비록 몽상가들에 불과하지만 이들의 삶을 통해 현실에서 도전하기 힘든 것들을 간접 체험하면서 말할 수 없는 희열을 느끼게 되는 것이 아닐까?

더 나아가서 이런 책들을 읽고 나서 큰 용기를 얻고, 그로 인해 자신도 위대한 꿈에 도전하는 삶을 살게 된다면 얼마나 멋진 일일까?

가장 어리석은 삶은 자기 자신으로 살지 않고 타인을 흉내 내거나 쫓아가는 삶이다.

고전 넘나들기
《사기》와 《참을 수 없는 존재의 가벼움》

EBS FM 〈김병완의 고전불패〉라는 코너에서 가장 비중 있게 생각했던 것이 바로 '꼬리에 꼬리를 무는 고전 넘나들기'였다. 이 책에서 가장 먼저 꼬리가 될 부분은 가벼움에 대한 이야기였다. 좀 더 생생한 느낌을 전달해 주기 위해서 이번에는 색다르게 방송에서 실제로 다루었던 대화체 위주로 읽어보면 어떨까?

제가 이 책을 읽으면서 가장 먼저 제 가슴에 와 닿았던 대사는 2막이 막 시작하고 잉그리드가 페르 귄트에게 젖값을 치르게 될 것이라고 협박할 때, 페르 귄트가 받아치는 대사입니다.

"제일 무거운 것이 제일 가벼운 거야."

저는 이 대사를 통해 무거움과 가벼움이라는 핵심 키워드를 붙잡았습니다. 무거움이나 가벼움과 관련된 고전 혹은 삶의 지혜는 어떤 것들이 있을까요? 정말 궁금해지지 않습니까?

가장 먼저 동양 고전으로 가보겠습니다. 중국의 현인 노자는 《도덕경》에서 이런 말을 했습니다. 《도덕경》 잘 아시죠.

"무거운 것은 가벼운 것의 뿌리가 되고, 고요함은 조급함의 임금이 된다."

정말 엄청난 내공이 느껴지는, 아우라가 있는 문장 아닙니까? 일단 엄청난 삶의 지혜가 담긴 고전의 말이라고 할 수 있습니다. 이 말 속에 과연 어떤 위대한 삶의 지혜가 담겨 있을까요?

한마디로 '가볍게 처신하면 근본을 잃게 된다'는 의미가 담겨 있습니다. 즉 '경거망동輕擧妄動' 하지 말고, 진중하게 무겁게 행동하라는 것입니다. 한자어 공부를 많이 하셔야 하고, 논술을 준비해야 하는 학생들에게는 이 말이 매우 유용하게 사용될 수 있을 것 같아요.

한자어로 하면 '중위경근 정위조군重爲輕根 靜爲躁君'입니다. 이 말에 대해 좀 더 깊이 있게 설명을 하면 이렇습니다. 다르게 표현하면 '무거운 것은 가벼운 것의 주인이 되고, 고요한 것은 소란스러움을 다스리는 주인이 된다'는 말입니다. 생각해 보세요.

움직이는 새는 가볍고, 움직이지 않는 새는 무겁습니다. 깊은 물은 무겁고, 얕은 물은 가볍습니다. 깊은 물은 조용히 흐르고, 얕은 물은 시끄럽게 흐릅니다. 설익은 이삭은 가볍고, 영근 이삭은 무겁습니다. 그래서 설익은 이삭은 고개를 숙이지 않고, 영근 이삭은 고개를 숙입니다.

정리하면 가벼운 것은 시끄럽고 교만하고 얕고 설익은 것입니다. 사람도 그렇죠. 무거운 것은 고요하고 겸손하고 깊고 영글었습니다. 바로 이렇기 때문에 우리는 무겁게 살아야 한다는 삶의 지혜를 배울 수 있습니다. 좀 더 깊게 내려가면, 생각이 무거운 사람은 입이 무겁고, 생각이 가벼운 사람은 입이 가볍습니다.

여기서 배워야 할 교훈은 말을 많이 하는 사람은 가벼운 사람이라는 것이죠. 그렇기 때문에 여기서 '다언삭궁多言數窮'이라는 교훈도 얻을 수 있습니다. 말이 많은 사람은 곤궁함에 처하게 된다는 말입니다.

자, 여기서 멈출 수는 없죠. 꼬리에 꼬리를 물고 다음 고전으로 넘어가면 어떤 고전이 있을까요? 과연 무거움과 가벼움이라는 주제로 어떤 고전이 연결될 수 있을까요?

저는 가벼움과 무거움에 대해서 동양과 서양 두 권의 책을 대비시켜 말씀드리고 싶습니다.

동양은 사마천의《사기》이고, 서양은 밀란 쿤데라의《참을 수 없는 존재의 가벼움》입니다. 밀란 쿤데라는 이 책에서 역사에 대해서 이렇게 정의합니다. 물론 가벼움에 대한 이야기죠.

"역사란 개인의 삶만큼이나 가벼운, 참을 수 없을 정도로 가벼운, 깃털처럼 가벼운, 바람에 날리는 먼지처럼 가벼운, 내일이면 사라질 그 무엇처럼 가벼운 것이다."

밀란 쿤데라는 역사가 가벼운 것이라고 했는데 사마천은 인간의 삶과 죽음이 가벼울 수도 있고, 무거울 수도 있다고 이야기를 한다는 것이죠.

인간학의 교과서인 사마천의《사기》를 보면, 사마천이 죽음의 가벼움에 대해 이런 말을 하는 것이 나옵니다.

"사람은 누구나 한 번 죽는다. 어떤 죽음은 태산보다 무겁고, 어떤 죽음은 새털보다 가볍다. 죽음을 사용하는 방향이 다르기 때문이다."

우리가 삶과 죽음조차도 다 같은 것이 아니라 사용하는 방향, 목표에 따라서 태산보다 무거운 삶과 죽음이 있고, 새털보다 가벼운 삶과 죽음이 있다면 어떤 것을 선택해야 할까요? 선택은 청취자 여러분들의 몫입니다. 고전 읽기를 애청하시는 분들은 태산보다 무거운 삶을 선택하지 않을까요?"

진정한 자기 자신이 되라

이 책이 던져주는 핵심 메시지는 바로 '당신 자기 자신이 되라'는 것이다. 왜? 당신 삶의 리더는 당신이어야 하기 때문이다. 타인이 당신의 삶을 대신 살아주지 않는다. 세상의 중심에서 타인의 삶을 흉내 내면서 살아가서는 안 된다. 그렇게 살아서는 안 되는 이유 중에 하나는 당신이 타인을 흉내 낼 때 자신의 잠재력의 4분의 3을 상실하게 되기 때문이다.

당신이 지금 평범하다면, 그것은 너무 많이 다른 사람처럼 살아가고 있기 때문이다. 당신이 비범하다면 그것은 당신이 당신 자신이 되는 법을 발견하고, 알고, 깨닫고, 그렇게 살아가고 있기 때문일 것이다. 어느 쪽이든 당신이 제발 좌절하거나 혹은 자만하지 않기를 바란다.

진정한 자기 자신이 되면 비범해지고, 특별해지고, 대범해지고, 유연해지고, 강해진다. 그러므로 자기 자신이 되어야 한다. 가장 아름다운 것은 바로 우리 자신의 것이듯, 가장 강할 때는 가장 자기 자신다울 때이다. 힘들여 타인이 되려고 해서는 안 되는 이유가 바로 이것이다.

이 세상에 타인의 삶을 열심히 잘 살아가는 사람만큼 더 바보는 없을 것이다. 우리는 그렇게 살아왔는지도 모른다. 그러면서도 자신의 선택과 삶이 바보스러운 것인지도 모른 채 말이다. 하지만 이제부터는 달라야 한다. 최소한《페르 귄트》를 읽은 독자라면 말이다.

무엇보다도 자기 자신이 삶의 CEO가 되어야 하기 때문이다. 어떤 것도 당연하게 여기지 말아야 한다. 이 세상에 당연한 것은 없다. 이 세상에 공짜는 없다. 당신이 자기 자신이 되기 위해서는 먼저 자기 자신을 신뢰해야 한다. 자기 자신을 믿어야 한다.

우리는 모두 우리 삶의 리더이자 CEO이다. 가장 당연한 이 사실을 우리는 모두 외면하면서 살아가는지도 모른다. 그래서 헨리 데이비드 소로우가 말한 것처럼 '조용한 절망의 삶'을 살고 있는 것이다. 우리가 조용한 절망의 삶에서 최소한 벗어날 수 있는 최소의 방법은 자기 자신이 되는 것이다. 자기 자신이 된다는 것은 인생에 대한 두려움과 게으름으로부터 자신을 지킬 줄 안다는 것을 의미한다.

페르 귄트에게 배워야 할 것 중에 하나는 세상에 대한 두려움을 극복했다는 점이다. 평범한 사람들이라면 도저히 할 수 없는 망나니짓을 했다고 하지만 페르 귄트는 진정한 행동가였다. 한 가지 분명한 것은 우리가 진정으로 행동할 줄 아는 행동가가 된다면 우리의 삶은 분명 어제와 다를 것이라는 사실이다.

우리가 우리 자신이 되어야 하는 이유도 따지고 보면 이것이다. 우리가 우리 삶의 진정한 주인이 되고, 리더가 될 때 비로소 내면으로부터 솟아나는 무한한 힘을 통해 진정한 행동가로 거듭날 수 있기 때문이다.

지금 방황하고 있다면 《페르 귄트》를!

당신이 지금 방황하고 있다면 이 사실 한 가지만은 명심해 주면 좋겠다. 인간은 존재하는 한 방황에서 벗어날 수 없다는 사실을 말이다. 즉, 당신이 지금 방황하고 있다면 그것은 굉장히 좋은 일이다. 그만큼 더 성장할 수 있기 때문이다.

이 책에 보면 '귄트적 자아'라는 말이 나온다. '귄트적 자아'는 한마디로, 가슴을 들뜨게 하고 그렇게 살게 해 주는 것으로 희망, 소망, 욕망의 산과 기지, 욕구, 추구의 바다를 지칭할 수 있다. 당신에게는 어떤 귄트적 자아가 있는가? 당신은 어떤 것에 가슴이 설레고 들뜨는가? 그것이 바로 당신에게 '귄트적 자아'인 것이다.

페르 귄트는 평생 허황된 일만 벌이고, 알맹이나 실속은 없고, 껍데기만 가득한 그런 사나이다. 현실을 직시하지 못하고 이상하게 인식하고 그로 인해 이상한 행동만 일삼았다. 하지만 인간의 정신을 포기하지 않았다. 다시 말해 인간 정신의 반항을 내려놓지 않았다. 수동적인 노예의 삶의 가장 큰 특징은 반항하지 않고 시키는 일을 하며 정해진 사회의 틀 속에서 조용히 살아간다는 것이다. 그런데 페르 귄트는 그렇게 하지 않았다.

오히려 그 반대로 지나칠 정도로 그렇게 살았다. 너무 많은 사람들이 너무 평범하게 조용히 절망하며 주어진 사회 구조 속에서 자유보다는 수동적인 삶을 선택해 살아가고 있다. 이것이 가장 큰 문제가 아닐까?

지금 방황하고 있다면, 자신이 왜 방황하고 있는지 살펴보아야 한다. 그것이 개인적인 문제든 사회적인 문제든 국가적인 문제든 아니면 인류적인 문제든 상관없다. 방황하고 있는 이유가 없다는 것 자체는 개인적인 문제다. 개인에 대한 정체성, 이유를 찾지 못했기 때문이다. 그렇기 때문에 당신이 지금 방황하고 있고, 그 이유가 무엇이든 상관없이 그렇다면《페르 귄트》를 꼭 한 번 읽어 보아야 한다. 지금 이 세상에서 방황하고 있는 모든 사람들을 대신해서 지나치게 행동해 주는 사람이 바로 페르 귄트이기 때문이다.

진정한 삶이란 무엇일까? 어떻게 사는 것이 좋은 삶일까? 여기에 대해서 누가 명확하게 답을 할 수 있으랴? 하지만 페르 귄트는 다음과 같이 아니트라와의 대화를 통해 산다는 것이 어떤 것인지 말해 준다.

"페르 귄트 : 교활함도 극도에 달하면 바보가 되지. 겁보의 봉오리도 꽃을 피우며 잔혹해지고 진실도 너무 멀리까지 추구하면 뒤집힌 지혜가 되지. 그래, 이봐…… 나는 개처럼 버림받아도 좋아. 만일 세상이 영혼만을 먹고, 사물을 이해하는 쪽은 모두 나쁘다는 무리들로 가득 차 있지 않다면 나는 그런 놈을 하나 알고 있지. 여럿 가운데에서도 뛰어나게 빛나는 사나이, 그러한 그도 목적을 잘못 헤아려 소란 속에서 인생을 헛되게 보냈지. 자아, 봐요. 오아시스를 둘러싼 이 사막을, 나는 다만 터번을 흔드는 것만으로 온 세계의 바다를 끓게 하여 이 불모의 땅에 차고 넘치게 할 수도 있는 거야. 하지만 그렇게 해서 바다나 육지를 만든다든가 하면 나는 어처구니없는 바보지. 산다는 것이 어떤 것인지 알고 있어?"

"아니트라 : 가르쳐 주세요!"

"페르 귄트 : 그것은 발을 적시지 않고 흐름을 따라 떠돌며 시대의 강을 내려가는 것. 완전히 자기 자신을 간직하면서 단지 사나이라는 힘에 의해서. 이봐, 나는 나 자신일 수가 있어! 늙은 독수리는 날개를 떨어뜨리고, 늙은 거지는 야위고, 쇠약해지고, 늙은 여자는 이빨을 잃고, 늙은 사내는 손이 주름투성이가 되지. 그도 저도 모두 영혼이 메마르지. 젊음이야! 젊음!"

한마디로 자기 자신을 간직하면서, 이 시대의 강을 흐름에 따라 내려가면서 발을 적시지 않는 것이 산다는 것! 그 자체인 것이다.

이 책은 길을 잃고 헤매는 사람들이 읽으면 아주 좋다. 왜냐하면 바로 그런 사람들이 이 책의 주인공이니까 말이다. 그래서 자신과 비슷한, 하지만 분명 똑같은 인물이 아닌, 자신이 아닌 다른 누군가의 삶을 간접적으로 책을 통해서 경험하게 됨으로써 자기 자신은 좀 더 나은 다른 삶을 살고자 하는 욕망이 생기고, 더 나은 삶에 대한 소망이나 동기부여가 저절로 될 수밖에 없도록 만들어 주기 때문이다.

《페르 귄트》를 한마디로 요약하면

필자가 독서법 강의에서 항상 강조하는 이야기 중에 하나는 '한 권의 책을 읽으면 반드시 한 문장으로 요약해봐야 한다'는 것이다. 그렇기 때문에 《페르 귄트》를 읽은 독자라면 반드시 한 문장으로 요약해보는 연습을 해보길 바란다. 그런 과정을 통해 이 책을 열 번 혹은 백 번 읽은 사람들보다 훨씬 많은 무언가를 배우고 얻을 수 있기 때문이다.

그렇다면《페르 귄트》라는 책을 한 문장으로 요약하면 어떤 문장이 되어야 할까? 물론 사람마다 다를 수 있고, 열 번 읽었을 때와 백 번 읽었을 때가 다를 수 있다. 세종대왕이 백독백습百讀百習을 독서의 원칙으로 삼은 이유가 바로 이것이다. 열 번 읽은 것과 백 번 읽은 것은 큰 차이가 나기 때문이다.

중국에는 이와 관련하여 '독서백편의자현讀書百遍義自見'이라는 말이 있는데, 이것도 바로 이런 이유에서이다. 또 중국에서는 '손자천독 달통신孫子千讀 達通神'이라는 말이 있다. 손자병법을 천 번 읽으면 도가 통하게 되어 문리가 트이고 세상을 바라보는 눈이 달라진다는 말이다. 즉, 읽은 만큼 많은 것을 얻게 되고 깨닫게 된다는 말이다.

《페르 귄트》의 내용을 한 문장으로 요약해 보면 이렇게 요약할 수 있을 것 같다.

'새털 같이 가벼운 삶을 살지 말고, 자기 자신의 삶을 살아라.'

이 이상의 다른 멋진 문장도 필요 없다. 그렇게 하려고 애쓰지도 마라. 시간 낭비이기 때문이다. 하지만 책을 여러 번 읽으면서 생각과 사고의 폭을 넓히고 더 깊게 책의 세계에 빠져서 의식의 세계를 확장해 보는 것은 절대로 시간 낭비가 아니다. 더 짧은 문장으로 요약해보면 이렇다.

"자기 자신의 삶을 살자!"

우리는 타인의 삶을 제대로 살아내지 못한다. 그것은 우리의 것이 아니기 때문이다. 우리는 우리 자신의 삶만을 제대로 살아낼 수 있다. 그렇기 때문에 우리는 우리의 삶을 살아야 하는 것이다.

《페르 귄트》 깊게 천천히 읽기

"단추공 : 하지만 페르, 이런 작은 일에 뭐 그렇게 핏대를 올릴 필요는 없잖아요. 당신이 진정한 자기 자신이었던 적은 단 한 번도 없었어요. 그렇다면 깨끗이 죽는다고 해서 안 될 것도 없잖아요?"

"페르 귄트 : 단 한 번도? 이건 웃기는 얘기로군! 페르 귄트가 자기 자신인 적이 없었다니! 단추공 영감, 당신은 눈 뜬 장님이로군요. 당신이 내 창자 속을 들여다볼 수 있다면 내가 오직 페르, 페르일 뿐이란 걸 발견하게 될 거요, 다른 것이라곤 눈곱만큼도 없어요.

"단추공 : 그럴 리가 없소. 여기 난 명령서를 가지고 있어요. 자아, 똑똑히 씌어 있어요. '페르 귄트를 데려올 것, 그는 인생의 정의를 헛되게 했다. 잘못 만들어진 것으로써 그를 다시 주물 국자 속으로.'

헨릭 입센《페르 귄트》, (신원문화사, 2006), 191쪽

이 책의 핵심 장면을 손꼽아 보라고 누가 묻는 다면 필자는 서슴없이 이 장면이라고 말하고 싶다. 물론 더 긴박하고 짜릿한 장면도 있지만, 이 부분이야말로 이 책이 당신에게 던지는 위대한 질문이 담겨 있는 매우 중요한 장면이기 때문이다.

이 작품은 노르웨이의 전설에서 테마를 얻은 희곡이다. 사냥꾼인 페르 귄트가 현실과 비현실을 넘나들면서 괴이하고도 흥미로운 이야기를 풀어내는 줄거리를 담고 있다. 하지만 이렇게 흥미롭고 기괴하기까지 한 이야기들은 한마디로 허위와 위선의 사회를 비판하는 데 초점이 맞춰져 있다고 말해도 과언이 아닐 정도로 이 책은 참된 것을 찾아야 한다고 주장하는 듯하다.

너무 허풍이 심한 주인공의 모습을 통해 그런 사람은 절대 되지 말라고 말하는 것인지도 모른다. 하지만 도전하고 모험하고 남이 아닌 자기 자신의 길을 꿋꿋하게 개척해서 나가는 모습은 주인공의 삶을 통해 배워야 할 점이다.

이 책은 바로 주인공과 같은 사람들이 꼭 읽어야만 한다. 길을 잃고 헤

매는 사람들, 남과 다른 길을 가고자 하는 사람들, 세상의 시선을 피하지 않고 당당하게 받아들이고 그것에 부딪히는 그런 사람들이 읽어야 한다.

좀 더 지혜롭게 살아나가는 방법 혹은 잘 살아가는 질문에 대한 정답은 이 책에 없다. 이 책은 오히려 더욱 더 혼란스러운 질문만을 던진다고 해도 과언이 아니다. 하지만 정답이 없기 때문에 이 책은 오히려 우리로 하여금 올바른 인생에 대해 생각하게 하고, 좀 더 나은 삶을 살아갈 수 있게 해 준다고 생각할 수 있다.

모든 고전의 위대함은 바로 여기에 있다. 정답이 없기 때문에 오히려 읽는 독자들이 스스로 정답을 찾아내도록 이끌어 준다.

이 책을 읽으면서 뚜렷하게 대비되는 것 중에 하나가 인간과 트롤의 대비다. 인간은 인간다워지는 것이 최고의 목표라면, 트롤은 스스로 만족하는 것이 최고의 목표이며 특징이라고 할 수 있다.

이 책을 읽는 독자들이 가장 고려해 봐야 할 부분은 자기 자신이 스스로 자기 자신에게 만족하며 그로 인해 안주하는 삶, 나태한 삶을 살고 있는 트롤이 아닌지 스스로 반문하면서 이 책을 읽어 나가야 한다는 것이다. 동시에 자기 자신은 페르 귄트와 같이 살아가고 있는 것은 아닌지 살펴봐야 한다.

니체는 '인간은 자기 자신을 뛰어넘어야 할 그 무엇'이라고 말했다. 우리는 하루하루 자기 자신을 뛰어넘으면서 살아가야 한다. 그것이 가장 인간적인 것이 아닐까?

분명한 사실은 하루하루 만족하며 안주하는 삶은 절대로 어제의 자기 자신을 뛰어넘을 수 없다는 사실이다. 위대한 인물이란 자기 자신을 날마다 뛰어넘은 사람이다. 인생이란 도전이고 모험이다. 진짜 자기 자신을 한 번도 만나지 못한 채 평생을 살아가는 사람들이 너무 많다.

우리가 자기 자신을 뛰어넘어야 할 이유가 바로 이것이다. 진짜 자기 자신은 어제까지의 자기 자신이 아닐 수 있다는 점을 고려해야 한다. 진짜 자기 자신은 어제의 자기 자신과 비교도 할 수 없을 정도로 엄청난 거인일 수 있기 때문이다.

앞에서 언급했던 귄트적 자아가 바로 자신을 넘어설 수 있는 사람이다. 가슴을 설레게 해 주는 삶을 선택해서 살아갈 때 인간은 가장 창조적이고, 능동적이고, 긍정적이 되기 때문이다.

우리 모두 이 책을 읽고, 귄트적 자아로 충만한 페르 귄트가 되어 보면 어떨까? 이 책에 나오는 페르 귄트가 아닌 진정한 자기 자신으로서의 페르 귄트가 되어 보는 것을 필자는 권하고 싶다.

꿈의 해석

인류에게 무의식의 세계를 펼쳐 보여주다

정신분석적 발견의 결과 오늘날 우리는 '시간과 공간이 사고의 필요불가결한 형식들'이라는
칸트의 법칙을 논해야 한다. 우리는 무의식적 정신 과정이 그 자체로 무시간적이라는 것을 알았다.
이 말은 우선 그 정신 과정에서는 시간적으로 질서가 만들어지지 않았고, 시간이 어떤 방식으로도
그 과정을 변화시키지 않으며 시간의 개념이 그것에 적용될 수 없다는 의미다.
이것들은 부정적인 특징인데, 의식적인 정신 과정과 비교해보면 분명히 이해할 수 있다.
_지그문트 프로이트

"내가 여기서 증명해 보이고자 하는 것은 다음과 같은 사실이다.
즉, 꿈을 해석할 수 있는 심리학적 기법이 있다는 사실과 그 기법을 응용함으로써 모든 꿈은
사람이 각성시 마음의 움직임 속의 어느 일정한 위치에 배치시킬 수 있는
의미 깊은 마음의 소산이라는 사실이다. 따라서 꿈의 기묘성과 애매성을 설명하고, 그 과정을 통해서
인간의 마음이 갖고 있는 여러 가지 힘의 정체를 밝혀 보고자 한다.
그것은 이런 마음의 힘들이 서로 협력하거나 반발함으로 해서
꿈이라는 것이 생겨나는 것이기 때문이다.
_《꿈의 해석》 중에서

꿈은 소망의 충족을 그림으로써
어떤 의미에서는 우리를 미래로 인도해준다.

古典
不敗

《꿈의 해석》 그리고 프로이트에 대해

20세기를 마감하면서 타임지는 20세기에 영향을 끼친 인물 50명을 선정했다. 그중에서 가장 맨 먼저 손꼽힌 인물이 바로 프로이트였다. 왜 그럴까?

프로이트의 무의식의 발견은 단순한 인식의 변환이 아니라 그 이상의 의미와 가치가 있기 때문이다. 그것은 인간 내면의 본질적인 문제에 인류의 관심과 주의를 돌린 20세기를 대표하는 위대한 지적 혁명이기 때문이다. 그럼에도 불구하고 무의식의 발견을 밝힌 《꿈의 해석》이란 책은 프로이트가 매우 적은 원고료를 받고 출간한 책에 불과했다.

더군다나 초판으로 겨우 600부만 인쇄를 했고, 그것마저 다 팔리는 데 8년이라는 세월이 걸렸다. 정신분석학 창시자의 위대한 책의 초창기 판매 실적은 거의 대실패인 셈이다. 하지만 프로이트는 자신의 저서 가운데 《꿈의 해석》을 가장 높이 평가했다.

프로이트의《꿈의 해석》은 우리 자신인 인간의 참된 모습에 대해 뜨겁게 생각해 볼 수 있게 해 준 논란의 책이었다. 무엇보다 인간을 이성적인 인간으로 바라보던 인류에게 인간을 본능적 욕구와 욕망에서 자유롭지 못한 비이성적인 인간으로 바라보게 해 주었던 것이다. 우리 내면에 감추어져 있던 우리의 모습을 프로이트는 꿈을 통해 인류에게 깨우쳐 주었다.

프로이트는 너무나 오랫동안 주류에서 배척당했고, 무시당했다. 그러나 이제 그의 이론은 완벽하다고는 할 수 없지만 문학, 예술, 철학, 심리학, 의학 등에서 수용하고 있고 활용하고 있다. 프로이트는 자신이 꿈을 해석하는 의도에 대해서 이렇게 말한 적이 있다.

"꿈을 분석하는 나의 의도는 복잡한 신경증적 메커니즘의 문제를 해결하기 위해 예비 작업을 하는 것이다."

프로이트《꿈의 해석》(선영사, 1986), 109쪽

그는 무의식의 존재를 밝혀낸《꿈의 해석》을 자신의 저작 가운데 가장 중요한 책이라고 여겼다. 그리고 그는 소망과 충족을 바라는 잠재의식이 왜곡되어 상징화되고 의식화된 것이 꿈이라고 규정했다.

프로이트는 유태인이다. 그리고 그가 처음부터 정신분석학을 공부하려고 했던 것은 아니었다. 그가 병원을 개업한 것은 행운이었다. 그는 수

많은 환자들의 임상 경험을 토대로 자신의 이론을 발전시켜 나갈 수 있었기 때문이다.

《꿈의 해석》이라는 책의 집필 과정 또한 그렇게 쉬운 것은 아니었다. 심지어 그가 친구인 플리스에게 보낸 편지를 보면, 너무 힘이 들고 어려워서 포기하겠다고 말하기도 했다. 하지만 그는 모든 어려움과 난제를 극복하고 드디어《꿈의 해석》을 출간했고, 그 책은 지금까지 위대한 작품으로 평가받고 있다.

"빛이 나타났다네. 다른 어떤 것이 다가올 미래에 틀림없이 빛이 솟아오를 것일세. 꿈의 구조는 매우 일반적인 사용 방법이 될 수 있네. 그리고 히스테리의 열쇠는 정말로 꿈에 포함되어 있어."

플리스에게 보낸 편지 중에서

그의 말처럼 꿈에는 히스테리의 열쇠가 숨어 있었을 뿐만 아니라 무의식의 세계로 가는 열쇠까지도 숨어 있었던 것이다.

20세기에 출간된 위대한 책 중에 하나인 이 책은 놀랍게도 처음 출간된 후 6년 동안 351권 밖에 판매되지 않았다고 한다. 가장 큰 이유는 학계의 무시와 배척이었다.

프로이트를 배척하고 정신병자 취급하며 무시했던 학계의 거부 반응은 상상 이상으로 오래 지속되었다. 그럼에도《꿈의 해석》이란 책의 위대함은 프로이트의 정신분석학이 정식 학문의 한 줄기로 확고히 자리를 잡기에 부족함이 없었다.

프로이트는 여덟 살에 셰익스피어의 작품을 읽었고, 청소년기에는 괴테의 글을 읽고 큰 감명을 받았다고 한다. 그는 《꿈의 해석》 첫 장에 다음과 같이 자신이 이 책을 쓴 이유에 대해서 밝힌 바 있다.

"내가 여기서 증명해 보이고자 하는 것은 다음과 같은 사실이다. 즉, 꿈을 해석할 수 있는 심리학적 기법이 있다는 사실과 그 기법을 응용함으로써 모든 꿈은 사람이 각성 시 마음의 움직임 속의 어느 일정한 위치에 배치시킬 수 있는 의미 깊은 마음의 소산이라는 사실이다. 따라서 꿈의 기묘성과 애매성을 설명하고, 그 과정을 통해서 인간의 마음이 갖고 있는 여러 가지 힘의 정체를 밝혀 보고자 한다. 그것은 이런 마음의 힘들이 서로 협력하거나 반발함으로 해서 꿈이라는 것이 생겨나는 것이기 때문이다."

프로이트《꿈의 해석》, (선영사, 1986), 21쪽

그가 말한 꿈을 해석할 수 있는 심리학적 기법이 바로 정신분석학이라고 할 수 있을 것이다.

모든 꿈은 욕망의 충족이다

프로이트는 이 책을 통해 우리에게 꿈은 아무 의미도 없는 개꿈이 아니라, 욕구와 소망의 충족을 위해 만들어지는 것이라고 주장했다.

현실 세계에서 현실의 벽 때문에 실현시킬 수 없었던 욕망, 특히 성적 욕망과 본능적인 욕구가 충족될 수 있는 돌파구가 바로 꿈이라는 것이다. 뿐만 아니라 꿈은 여러 가지 사실들을 알려주는 단초가 된다. 하지만 꿈은 왜곡되어 나타나고, 검열을 받기 때문에 꿈에 나타나는 소망이나 욕구는 왜곡된 것이며, 억압된 것은 꿈으로 나타나지 않는다.

프로이트가 이렇게 꿈에 대해 연구하고 그 결과를 한 권의 책으로 발표하기 이전에도 꿈에 대한 연구가 미비했지만 존재했던 것이 사실이다. 고대부터 꿈을 신의 계시나 미래에 대한 예시 혹은 과거 일에 대한 단순한 재현 정도로 파악해 왔다. 그리스나 로마 시대의 사람들은 전지전능자의 세계를 꿈과 연관시켰고, 그래서 꿈꾸는 자는 신의 계시를 받은 것이라고 자주 생각하게 되었다.

아리스토텔레스는 '꿈은 인간 정신의 원칙들로부터 나온 것, 즉 수면 중의 영혼의 활동'이라고 정의했다. 또 꿈은 현재의 일을 생각하거나 미래를 예견하는 것으로 여겼다. 하지만 프로이트는 꿈의 사례들을 통해 구체적으로 해석해 내기 시작했다.

그가 발견한 꿈에 대한 여러 가지 사실들을 살펴보면 매우 흥미롭다. 꿈은 절대로 아무런 이유 없이 우연히 생기지 않는다고 한다. 아무리 이상한 꿈이라도 그것은 무엇인가가 꿈을 꾸도록 했기 때문이라는 것이다. 그리고 그 무엇인가를 프로이트는 '자극'이라고 말한다. 즉, 잠을 자고 있는데 외적 자극이 오거나 내면에서 심적 자극이 오면 꿈을 꾸게 되는 것이다.

프로이트는 그 당시 이룰 수 없는 꿈을 꾸었다. 그것이 바로 사람들의 꿈을 해석할 수 있음을 보여 주는 것이었다. 그리고 그는 먼 훗날 그 꿈을 어느 정도 이루었다.

꿈이 아무런 이유도 의미도 없이 이루어지는 행위가 아니라 어떤 원인에 의해서 생겨나는 정신적 행위이며, 그 원인을 찾아서 꿈에 의미를 부여하는 것이 바로 꿈을 해석한다는 것이다. 그 당시에 대부분의 사람들과 전문가들조차도 꿈은 의미가 없는 것이며, 불합리하고, 황당무계한 것이라고 여겼다. 하지만 프로이트는 다르게 생각했다.

결론적으로 프로이트는 꿈이 소망을 충족하기 위한 것이라고 생각했고, 연구를 통해 동일한 결론을 내렸다. 그렇다면 악몽과 같은 꿈도 소망 충족이라고 할 수 있을까? 여기에 대해 프로이트는 겉으로 드러난 꿈만을 보면, 불쾌하고 불안한 꿈이라고 생각할 수 있지만 그 꿈을 꾸게 만들었던 깊은 꿈의 생각을 살펴보면, 결국 그 꿈도 소망 충족이라고 말한다. 이 과정에서 꿈은 왜곡되어 나타난다는 것을 다시 한 번 주장했다. 꿈이 왜곡되어 나타나는 요인 중에 하나는 밝히고 싶지 않은 사실에 대한 심리적인 요인이다.

어떤 법학자가 프로이트에게 찾아와서 '꿈이 소망의 충족이라고 말하면서 그런 터무니없는 이론을 너무 성급하게 일반화하는 것'을 멈추라고 말하기 위해 프로이트의 이론에 반박을 하는 꿈 이야기를 해 주었다.

어떤 부인과 함께 자신의 집으로 가는 도중에 영아 살해라는 죄목으로 경찰에게 체포되는 꿈이었다. 그 법학자는 이런 허무맹랑한 꿈이 도대체 어떻게 해서 소망 충족이라는 것인지 따졌다. 프로이트는 이 법학자와 이런 저런 대화를 통해 이 꿈도 역시 궁극적으로 소망의 충족이라는 사실을 밝혔다.

실제로 이 법학자는 어느 부인과 외도를 하는 관계였다. 그런데 잘못해서 부인이 아이라도 임신하게 된다면 세상에 다 알려지게 될 것이 뻔하다. 그래서 이 법학자는 아이를 만들지 않는 것이 소망이었고, 그 소망은 꿈에 영아 살해라는 왜곡된 현상으로 나타나게 되었던 것이다.

프로이트는 자신의 꿈 소망 이론을 정면으로 반박하는 꿈을 '소망 반대 꿈'이라고 말한다. 특히 소망이 거부되는 꿈이나 꿈에서 전혀 원치 않는 일이 일어나는 꿈들이 대표적인 경우이다.

이런 꿈들의 요인은 놀랍게도 프로이트의 이론이 틀렸다는 것이 증명되는 소망을 가진 사람들의 소망 충족이거나 이성으로부터 신체적 혹은 정신적 학대를 받는 데서 성적 만족을 느끼는 마조히즘들의 소망 충족

(즉, 정신적인 굴욕 혹은 고통에서 쾌락을 찾아 욕구를 충족시키는 경우)이라는 것이다.

프로이트는 바로 이런 이유에서 '모든 꿈은 억압된 소원의 성취이다'라고 말했다. 가장 인상에 남는 꿈 해석 이야기는 이것이었다.

'어느 소녀의 꿈이다. 이 소녀 앞에 자기 언니의 하나밖에 남지 않은 아이가 죽어 누워 있다. 주변 환경은 그 언니의 첫 아이가 죽어 누워 있던 몇 년 전과 똑같다. 그럼에도 그녀는 아무런 슬픔을 느끼지 못한다.'

이 꿈에 대해 프로이트는 매우 놀라운 해석을 내놓았다. 이 소녀의 숨겨진 억압된 욕망은 몇 년 전에 언니의 첫 아이 장례식에서 보았던 남자를 다시 보고 싶은 것이었다. 그래서 무의식중에 그녀는 또 다시 그 남자를 볼 수 있는 유일한 기회인 장례식을 간절히 소망한 것이다. 그녀의 욕망은 장례식 속에 숨겨져 있었고, 그 장례식은 그녀가 오랫동안 고대해온 만남을 예고하는 장소였던 것이다. 그래서 이런 무서운 꿈도 욕망의 실현으로 해석이 가능하다.

꿈이란 소망 충족의 수단이므로, 꿈을 해석한다는 것은 인간의 내면에 숨겨져 있는 욕망을 들여다본다는 것을 의미한다.

우린 모두 무의식의 지배를 받고 있다

"당신의 마음을 이루는 것으로 생각되는 의식은 당신의 마음 중에서 빙산의 일각도 아니다. 그 빙산 위에 놓인 눈 뭉치 하나에 지나지 않는다. 당신의 진정한 모습은 당신의 무의식에 숨어 있다."

《나는 내가 낯설다》의 저자이자, 심리학자인 티모시 윌슨이 자신의 저서를 통해 내놓은 일성이다. 그의 말은 100% 맞다. 우리는 모두 알게 모르게 무의식의 지배를 받고 있다. 그리고 이러한 사실을 가장 먼저 세상에 주장하고 밝혀낸 사람이 바로 프로이트이다.

인류에게 무의식의 세계를 의식할 수 있게 해 준 인물이 바로 프로이트이며, 그가 인류에게 무의식의 세계를 드러내 보여준 최고의 책이 바로《꿈의 해석》이라고 할 수 있다. 수많은 사람들이 프로이트를 비판하고 있지만 그럼에도 불구하고 그는 여전히 심리학의 거장이며, 정신분석학의 창시자이다.

그는 인간을 움직이는 삶의 원동력을 의식이 아닌 무의식이라고 생각했다. 의식은 빙산의 일각에 불과하다. 빙산의 대부분인 아랫부분이 바로 무의식이다. 결국 빙산을 차지하는 것은 무의식이듯, 인간의 행동을 결정짓는 것은 의식이 아니라 무의식이라는 것이다.

프로이트는 꿈을 분석하면 무의식의 세계에 들어갈 수 있다고 주장했다. 그리고 그는 자신의 주장대로 꿈을 해석하여, 인류에게 무의식의 세계가 있으며 그것은 우리 인간에게 삶의 원동력이 될 만큼 큰 세계라는 사실들을 인식할 수 있게 해 주었다. 그래서 지금 우리들은 무의식의 세계가 있다는 것을 아무도 부인하지 않고 있는 것이다.

프로이트는 무의식의 세계를 밝혀냄으로써 20세기 가장 영향력 있는 철학자라는 평가를 받게 되었다. 프로이트의 정신분석학은 하나의 학문으로 평가받게 되었다.

프로이트의 업적 중에 하나는 인간으로 하여금 그 당시에 잘 알지 못했던 무의식이라는 세계의 지배를 받는 것이 바로 인간이라는 사실에 대한 인식을 최초로 하게 해 주었다는 것이다.

프로이트는 무엇보다 꿈에서 익숙한 것들이 바로 무의식의 세계라는 점을 강조했다. 무의식을 중심으로 소망 충족과 마음의 염원 등이 바로 꿈으로 바뀌어 인간이 제대로 의식하지 못하는 사이에 인간에게 보여준다는 것이다. 이러한 무의식 속에서의 소망 충족이나 마음의 염원이 꿈으로 나타난다는 사실을 잘 보여주는 사례가 다음과 같은 꿈이다.

'병든 아들을 정성껏 간호하던 한 아버지가 있었다. 그러나 아들은 죽게 되었고, 시신은 영안실에 안치되었다. 어떤 노인이 시신을 지키고 있었고, 아버지는 잠시 옆방에서 휴식을 취하고 있었다. 시신이 안치된 방에

커다란 촛불을 켜 놓고 방문을 열어 놓은 채로 몸과 마음이 지쳐 버린 아버지는 몇 시간 동안 잠을 잔다. 꿈에 아들이 아버지의 팔을 잡아끌며 원망하듯 말한다.

"아빠, 내가 불에 타고 있다고요. 보이지 않으세요?"

아버지는 그제야 잠에서 깨어나 시신이 안치된 방으로 달려간다. 그곳을 지키고 있던 노인은 잠이 든 상태였고, 관과 시신의 옷과 한쪽 팔에 불이 붙어 타고 있었다.'

이 꿈에 대해 프로이트는 다음과 같이 해석했다.

먼저 시신이 불에 타는 것을 아버지가 꿈을 통해 알게 된 이유는 밝은 불빛이 열린 문을 통해 잠든 아버지의 눈에 비쳤으며, 아버지는 무의식 중에 불이 났음을 예측하게 되었던 것이다. 뿐만 아니라 아버지는 시신을 지키는 노인을 믿지 못했을 것이다. 그렇다면 왜 좀 더 일찍 깨어나지 못했을까? 그것은 아버지의 무의식에 해답이 있다.

아버지는 꿈속에서나마 살아 있는 아들의 모습과 응석을 마음껏 보고 싶었던 것이다. 그래서 아버지는 꿈에서 늦게 깨어난 것이다. 즉, 이 꿈은 여러 가지 마음 상태가 무의식의 상태에 있다가 어떤 자극과 계기를 통해서 의식으로, 꿈으로 나타났던 것이다.

노인을 완전하게 믿을 수 없었던 아버지의 마음, 촛불이 시신에 가까이 있다는 불안하고 걱정스러운 마음, 살아 있는 아들과 조금이라도 더 함께 있고 싶었던 아버지의 마음 상태가 무의식에 잠재해 있었던 것이다.

프로이트는 그 당시 주류가 된 견해 즉, 데카르트 이후 철학자들이 의식을 정신계의 본질로 간주해 오는 견해를 정면으로 반박했다. 즉, 정신계의 본질은 의식이 아니라 무의식이라는 것이었다.

그가《꿈의 해석》을 집필하고 나서도 멈추지 않고 연구를 계속하여 23년 후에 집필한《자아와 이드》라는 책을 보면 이런 이야기가 나온다.

> "정신계를 의식적인 것과 무의식적인 것으로 나누는 일은 정신분석의 기본 전제다. 정신분석은 정신계의 본질을 의식 속에서 찾지 않고 의식을 정신적인 것의 한 특성으로 간주한다. 또한 이것이 다른 특성들에 덧붙여 존재할 수도 있고 부재할 수도 있다는 입장을 취한다."
>
> 프로이트《자아와 이드》중에서

한마디로 모든 것은 무의식에서 비롯된다고 그는 생각했다.

프로이트에게 배워야 할 3가지

우리가 프로이트에게 배워야 할 것은 그의 천재성이 아니다. 즉, 그의 위대한 업적이 아니라 그의 노력과 인내이다.

그는 주류 심리학계에서 배척당했고, 무시당했다. 그와 함께《히스테리 연구》를 집필하고 연구했던 브로이어도 정신분석 영역에 대한 흥미를 잃고 연구를 중단했지만, 프로이트는 혼자 외로운 연구를 계속 해 나갔다. 바로 그 덕분에 '정신분석학의 아버지'로 후대가 그를 기억하게 되었다.

필자가 그를 존경하는 이유 중에 가장 큰 것은 노력과 초심을 잃지 않고 평생 연구를 해 나갔던 그의 의지 때문이다.

평범한 사람들이 평범한 이유 중에 하나는 약간만 명성을 얻어도 초창기 때처럼 열정적으로 치열하게 꾸준히 노력하지 않기 때문이다. 프로이트는 부와 명성에 쉽게 흔들리고 나태해지는 그런 사람이 아니었다. 그런 점이 그를 위대한 사람으로 만들어 주었던 것이다.

그는 평생 650여 편의 논문을 발표했다. 천재들이 그렇듯 그도 역시 엄청난 시간과 에너지를 평생에 걸쳐서 자신의 연구에 쏟아 부은 인물 중 한 사람이었다. 그가 연구를 하고, 논문을 발표하면 수많은 사람들이 그를 격려해주고 존경해 주기보다는 오히려 비난하고 냉대했다. 심지어 그는 "저질 의사의 망상이죠. 별 쓸모없는 정신병적인 망상입니다"라는 말들도 심심찮게 들었다고 한다.

프로이트의 위대함은 자신의 길을 스스로 개척해 나갔다는 점이다. 그의 삶은 우리에게 단 한 가지 사실을 일깨워 준다.

'천재는 타고나는 것이 아니라 만들어지는 것이다.'

그의 가장 큰 업적은 무의식을 발견하고 인류에게 무의식의 세계를 열어 준 것이 아니라, 평생 안주하지 않고 연구와 공부를 지속해 나간 학자의 자세였던 것이다.

그는 30세에 병원을 개업하고, 5년 후인 1891년《실어증의 이해를 위해서》라는 논문을 발표하고 나서, 정확히 10년 후인 1900년에 오늘날의 신경학 수준에서 평가해도 거의 완벽하다고 할 증상 이론인《꿈의 해석》을 세상에 내놓았다. 그리고 그는 여기서 멈추지 않았고, 나태하지도 않았다. 그가 성공에 도취되어 인생을 낭비하지 않았다는 사실은 이후 발표된 그의 논문과 저작들을 통해 충분히 알 수 있다.

그는 기념비적인 서적인《꿈의 해석》을 발표하고 나서도 30년 가까이 끊임없이 개정하고 수정하며 보완을 했을 뿐만 아니라, 17년 후인 1916년과 1917년에 인간 정신에 대한 혁명적 통찰이며, 프로이트 사상의 정수인《정신분석 입문》을 출간했다. 그리고 또 17년 후인 1933년에는《새로운 정신분석 입문》을 출간했다. 그의 연구는 지칠 줄 몰랐고, 멈추지 않았던 것이다.

우리가 그에게서 배워야 할 3가지는 바로 이것이다. 첫째, 성공에 도취되어 자만하거나 나태해지지 않았다는 것. 둘째, 자신의 연구 성과를 끊임없이 수정하고 보완해 나갔다는 것. 셋째, 평생 연구하고 공부하는 자세를 멈추지 않았다는 것이다. 프로이트는 심지어 정신병자 취급을 받으면서도 자신의 연구를 포기하지 않았다. 조금도 물러서지 않았던 것이다.

필자는 개인적으로 그를 현대판 스티브 잡스라고 생각한다. 스티브 잡스가 남과 다른 생각을 통해 인류에게 스마트폰 시대를 활짝 열어 준 것처럼 그도 남과 다른 생각을 했기 때문에 인류의 지성을 한 단계 더 넓히는 무의식의 세계를 발견하고 그 세계로 인류를 인도해 줄 수 있었던 것이다.

남과 다른 생각을 한다는 것, 남과 다른 생각을 할 수 있다는 것 그리고 그 생각대로 밀고 나간다는 것은 굉장히 중요한 일인 동시에 어렵고 힘든 일이다. 바로 이런 이유에서 프로이트는 존경 받아 마땅하다.

무의식의 세계를 밝혀 인류의 의식을 바꾸다

프로이트는 '무의식'이라는 우리 내면의 또 다른 세계를 세상 밖으로 끌어올렸다. 이로 인해 프로이트는 꿈의 해석뿐만 아니라 인간 본성에 대한 새로운 각성의 시대를 열어 주었다.

무의식이라는 세계를 의식하게 된 인류는 의식의 폭이 상상도 할 수 없을 만큼 넓어졌고, 깊어졌다. 바로 이런 이유에서 프로이트는 의학 분야뿐만 아니라 문학, 예술, 학문 등 다양한 분야에 지대한 영향을 끼치는 인물이 되었다.

프로이트는 한마디 말을 통해 세상을 바꾼 인물이 되었다. 그리고 그 한마디 말은 바로 이것이다.

"인간은 무의식의 지배를 받는다."

프로이트가 주장한 무의식의 세계는 주로 빙산에 비유된다. 빙산은 91.7%가 수면 아래에 가라앉아 있고, 우리 눈에 보이는 부분은 겨우 8.3%에 불과하다. 프로이트가 말하는 무의식과 의식의 관계 역시 이와 매우 비슷하기 때문이다.

프로이트가 말하는 무의식은 지치지 않고 자신의 욕망을 이루고자 하는 에너지를 발산한다. 마치 무한동력을 가진 거대한 발전소 같다. 그만큼 무의식은 강력하다. 그래서 우리가 의식이 아닌 무의식의 지배를 받고 있다는 것이 어쩌면 지금은 당연한 것으로 여겨지지만, 그 당시에는 정말 혁명과도 같은 주장이었다.

꿈에 그 어떤 의미도 부여할 줄 몰랐던 인류에게 프로이트는 무의식의 세계를 꿈과 접목시키면서 꿈에 대한 시각을 바꾸어 놓았다.

꿈은 우리가 외면했던 우리를 틀어서 꿈으로 보여주는 것이다. 우리가 살면서 놓치거나 은폐했던 우리의 무의식을 꿈을 통해 만나게 해 준다. 그런 점에서 의미 없는 꿈은 존재하지 않는다. 그래서 그는 말한다.

"꿈은 은폐되고 왜곡된 소망이 드러나는 곳이다. 따라서 꿈의 해석을 통해 무의식의 세계를 파악할 수 있다."

프로이트는 인류가 지금까지 경험해 온 일들 중 3가지의 아픈 대사건이 있다고 이야기했는데, 그 첫 번째가 코페르니쿠스에 의하여 발견된 지동설이고, 그 다음이 다윈에 의해 발견된 진화론이다. 그리고 세 번째가 '인간은 자아의 통일이 불가능할 뿐 아니라 무의식에 끌려다니는 가엾은 동물'이라는 사실을 자신이 밝혀낸 사건이다. 프로이트의 주장은 정말로 코페르니쿠스와 다윈의 그것처럼 혁명적이고, 충격이었다.

우리는 인간이 똑똑한 줄 알았다. 하지만 프로이트는 정면으로 그러한 편견을 반박했다. 그것도 자신의 의지로 무엇 하나 제대로 할 수 없는 가엾은 동물, 무의식이라는 괴물에 끌려다니는 동물로 인간을 규정해 버린 것이다. 그것도 사정없이 말이다. 그리고 그는 여기서 더 나아가 무의식을 심리적 삶의 보편적인 토대로 받아들여야 할 것을 주장한다. 아니, 요구한다. 무의식의 모든 문제는 의식적인 것을 포괄하고 있기 때문이다. 즉, 의식적인 모든 것은 무의식의 단계를 거치는 반면 무의식은 자신의 단계에 머물면서 심리적 기능의 완전한 가치를 요구할 수 있다. 한마디로 무의식은 스스로 존재하는 인간의 내면 깊숙한 곳에 거대한 심리적인 것이라는 것이다.

그렇게 거대한 것이기에 우리가 꾸는 꿈이 무의미해 보임에도 불구하고 의미로 가득 차 있다고 그는 주장하는 것이다. 꿈을 해석한다는 것은 그 의미로 가득 차 있는 것들을 무의식의 세계에서 의식의 세계로 나오게 하는 삶의 언어로 번역하는 것이라고 그는 덧붙인다. 너무 많이 왜곡되어 꿈으로 만나게 되자 우리들은 그 의미를 제대로 밝혀내지 못했던 것이다.

꿈을 해석하는 프로이트만의 방법

앞서 프로이트는 모든 꿈을 소망 충족이라고 해석했다. 그런데 이 해석만으로도 프로이트는 위대한 통찰자이며 철학자라는 사실을 우리는 알 수 있다.

프로이트에게 꿈은 억압된 욕망의 충족을 목적으로 잠재의식이 상징화되고, 왜곡되어 나타난 것이다. 그래서 그가 꿈을 해석하는 방법은 억압되고 왜곡된 욕망인 늑대가 꿈이라는 양의 탈을 쓰고 우리의 의식이 느슨해지는 시간 동안에 나타나는 것을 전체적으로 살펴보는 방법이다. 이러한 방법은 반드시 억압되고 왜곡된 욕망이라는 정신 활동과 결부시켰던 것이다. 이것이 발전하여 정신분석적 방법으로 이어졌다.

성경에 나오는 요셉의 꿈 이야기는 다른 방법이었는데, 이는 꿈 전체를 다루는 것이 아니라 개별적인 꿈의 내용 하나하나에 상징을 부여하여 해석하는 방법이었다.

프로이트는 꿈을 증상으로 보고 정신분석적 방법으로 해석하기 시작했다. 그리고 그는 환자를 분석하면서 자신의 정신분석학을 발전시켜 나갔고, 1000개 이상의 꿈을 해석했다고 말했다.

프로이트는 꿈을 증상이라 판단하고, 복잡한 신경증적 메커니즘을 분석하기 위해 꿈을 병적 관념으로 해석해 나가는 방법을 생각했다. 그 방향으로 외로운 연구와 공부를 거듭한 끝에 그는 다음과 같은 결론을 이끌어 낼 수 있었다.

"꿈은 무의미한 것도 부조리한 것도 아니기 때문에, 우리들의 수면 중에 일련의 표상은 잠들어 있는데, 다른 일부가 깨기 시작한다는 것을 전제로 해야 한다. 꿈은 완전한 심적 현상이며, 어떠한 것의 소망 충족이다. 꿈은 우리가 이해할 수 있는 각성시의 심적 행위의 관련 속에 넣을 수 있는 것이므로 매우 복잡한 정신 활동에 의해 형성된다."

프로이트 《꿈의 해석》, (선영사, 1986), 155쪽

이 책은 단순히 꿈을 해석하는 방법에 대한 책이 아니다. 이 책은 꿈이라는 도구를 통해 인간이 가진 무의식의 내면세계를 활짝 열어 펼친 기념비적인 책이다. 이 책은 꿈과 히스테리, 꿈과 무의식, 꿈과 신경정신병학의 관계를 다루는 데 성공한 최초의 책으로 평가받고 있다.

"꿈이 어떻게 만들어지는지, 그 생성 과정에 대해 새롭게 인식한 관점에서 보면 모순들은 말끔히 해결된다. 꿈을 재현하려는 과정에서 왜곡이 일어나는 것은 사실이지만, 이러한 왜곡은 꿈의 사고가 검열 때문에 겪게

되는 가공의 일부에 지나지 않는다. 그럼에도 연구가들은 이 부분을 자의적인 것으로 즉, 우리를 미혹시키기에 충분한 것으로 잘못 생각하고 있다. 그들은 심리적인 결정을 과소평가한다."

프로이트 《꿈의 해석》, (선영사, 1986), 233쪽

심리적인 결정에서 자의적인 것은 하나도 없다는 것이 그의 주장이다. 즉, 자의적으로 순전히 어떤 숫자를 머리에 떠올리려 한다고 상상해 보자. 그런데 그렇게 하는 것은 불가능하다고 그는 말한다. 머리에 떠오르는 숫자는 사고에 의해 불가피하고 분명하게 결정되는 것이다. 이와 마찬가지로 꿈도 그렇다.

무의식은 스스로 존재하는 심리적인 것이다. 그런 복잡한 심리적인 결정에 의해서 꿈이 형성되고, 그 꿈은 억압된 무의식의 소망 충족에 목적을 두고 있다.

《꿈의 해석》 깊이 읽기

"나의 청강생 중의 한 사람이 '거위는 어떤 꿈을 꾸는가? 옥수수 꿈을 꾼다'는 속담을 말해 주었다. 꿈은 소망 충족이라고 하는 모든 이론이 이 속

담 속에 포함되어 있다."

프로이트 《꿈의 해석》, (선영사, 1986), 165쪽

이 대목에서 언급된 속담은 꿈의 본질에 대해서 잘 설명해 준다. 프로이트가 이 책을 통해 말하고자 했던 핵심이 이 속담에 다 포함되어 있는 것이다. 그리고 꿈이 바로 그런 본질을 가지고 있기 때문에 미래의 인간의 모습을 이끌어 나가고, 인도해 주는 그런 역할적인 기능도 포함하고 있는 것이다.

유대인의 속담에도 이런 것이 있다. '닭은 수수 꿈을 꾼다' 그리고 헝가리의 격언에도 '돼지는 떡갈나무 열매 꿈을 꾼다'는 비슷한 말이 있다.

이 모든 속담들이 프로이트가 꿈에 대해 내린 정의를 뒷받침해 주고 있다. 하지만 프로이트가 제시한 꿈에 대한 정의는 이런 범위를 훨씬 더 뛰어넘는다. 꿈은 인류의 미래를 열어가는 역할까지 해 주기 때문이다. 물론 꿈이 미래에 대한 예시의 의미가 있다는 말은 아니다. 왜냐하면 꿈은 과거로부터 유래하는 것이기 때문이다.

"꿈은 소망의 충족을 그림으로써 어떤 의미에서는 우리를 미래로 인도해 준다. 그러나 꿈을 꾸는 본인이 현재라고 생각하는 이 미래는 소멸되지 않는 소망에 의해서 사실은 그의 과거의 모습이 재현되어 있는 것이다."

프로이트 《꿈의 해석》, (선영사, 1986), 672쪽

꿈을 해석한다는 것은 인간의 숨겨진 내면을 이해한다는 것이다. 인간의 숨겨진 내면을 이해할 수 있다면 인간이 앞으로 어떤 미래를 열어갈 것인지를 예측할 수 있을 것이다. 꿈이란 어떤 형태의 것이든 소망 충족의 수단이기 때문이다. 그 1차적 수단인 꿈이 또 다른 충족 수단으로 탈바꿈하는 것은 시간문제일 것이다.

프로이트는 여기까지였다. 즉, 꿈을 분석함으로써 숨겨진 신비하기까지 한 마음이라는 기제의 구조를 들여다보았다. 하지만 그 꿈들이 또 다시 현실에 어떤 영향을 주고, 그것이 인간의 삶과 미래에 어떻게 작용하게 될 것인지에 대해서는 생각하지 않았다.

프로이트의 《꿈의 해석》은 과거와 현재에 초점을 맞춘 꿈에 대한 해석이다. 현재와 미래에 초점을 맞춘 꿈의 해석이 우리에게 필요하지 않을까?

프로이트 이해하기

"정신분석의 목적은 거창한 것이 아니고, 다만 현실적인 불행을 자신의 내면적인 갈등의 영향을 받아서 지나치게 불행한 것으로 경험하지 않고 현실적으로 액면 그대로 받아들일 수 있게 되는 것이다."

지그문트 프로이트의 이 말처럼 그의 정신분석도, 심지어 그도 그렇게 거창한 것은 아니다. 다만 그의 정신분석과 그의 주장은 현실 그대로 인정할 것은 인정함으로써 지나치게 불행한 것으로 오인하거나 경험하지 말라는 소박한 주장이며 외침이라는 사실이다.

그는 심지어 '10년 동안이나 아무도 나의 저작들에 주목하지 않았다'라고《정신분석학 입문》에서 밝힌 적이 있을 정도로 철저하게 주류 심리학계로부터 외면당했고, 무시당했다. 하지만 그럼에도 그는 결코 주류와 타협하지 않았고, 자신의 학문적 소신을 굽히지 않았다.

그를 기억해야 하고, 배워야 하는 이유는 20세기 가장 위대한 인물 중에 한 명이 지그문트 프로이트이기 때문일 것이다. 아인슈타인이 상대성 이론을 통해 과학 전반에 새로운 인식의 전환을 가져왔다면, 프로이트는 정신분석학을 통해 인간의 무의식을 밝힘으로서 인간의 정신 세계에 대해 엄청난 인식의 전환을 이루었다. 그의 위대함은 여기에 있다.

조금 더 확장시켜 나가 보자.

왜 인간은 살아가면서 번뇌와 고통에서 자유롭지 못할까? 왜 인간은 짐승과 신의 중간 존재이며 갈등 속에서 살아가야 하는 것일까? 왜 인간은 선과 악을 만들어 놓고, 그 사이에게 방황하며 살아가는 것일까?

그 이유는 인간에게 의식이 있을 뿐만 아니라 본능에 더 충실한 무의식이 있기 때문이다. 그 사실을 프로이트가 발견해 낸 것이다. 인간을 가리켜 신과 짐승 사이의 밧줄이라고 하는 이유도 바로 이것이다. 본능과

의식 사이에서 갈등하는 존재이기 때문이다.

본능은 욕망을 충족시키라는 쾌락의 원리를 따르고, 의식은 욕망을 억누르고 현실에 충실하라는 현실의 원리를 따른다. 쾌락의 원리만 따르면 인간은 바로 짐승으로 타락하게 되고, 현실의 원리만 따르면 인간은 매우 이성적인 존재가 되지만, 항상 본능을 억압해야 하기에 번뇌와 고통으로 신음해야 한다.

풀도 나무도 벌레도 새도 짐승도 한세상을 살다가 간다. 그런데 인간은 왜 이렇게 말도 많고 탈도 많은 것일까? 바로 인간에게는 의식과 무의식이 있기 때문이다. 그리고 그 두 세계가 항상 충돌하고 있기 때문이다.

인간이 행복하다고 느끼거나 슬픔을 느끼거나 분노를 느끼는 것은 의식이 있기 때문이며 자신이 행복한지 불행한지 세상 만물을 보고, 타인을 보고, 세상 돌아가는 것을 보고 판단하고 비교하고 분석하여 분별할 줄 알기 때문에 결론을 내리게 되고, 그 결론에 의해 우리는 항상 고뇌와 번민에 시달리는 것이다.

의식이 없다면 우리는 행복도, 불행도, 슬픔도, 아픔도, 걱정도, 근심도, 염려도, 두려움도, 분노도, 욕망도 없을 것이다. 그래서 인간의 행동방식과 삶은 이성적 의식이 중심이라고 생각했다. 프로이트는 이러한 전통적인 사고방식을 그 이전에는 인간이 의식하지 못했던 가장 거대한 정반대의 존재, 즉 무의식의 세계를 의식할 수 있게 해 줌으로서 해체시켜 버렸던 것이다.

다시 말해, 프로이트 이전에 사람들은 물의 표면 위에서만 인간을 이해했다. 하지만 이제는 물의 표면뿐만 아니라 물속에 들어가서 거대한 물속 세계를 탐구하고 이해하게 되었던 것이다. 그 거대한 물속 세계가 바로 무의식의 세계라고 말할 수 있을 것이다.

'인간은 노력하는 한 방황한다'는 파우스트의 말은 인간에게는 의식뿐만 아니라 무의식까지도 가지고 있는 존재라는 사실을 일깨워주는 말인지도 모른다.

카라마조프가의 형제들

아름다움이 세상을 구원할 것이다

인간의 마음 밑바닥에는 언제나 선과 악이 물결치고 있다.
_도스토옙스키

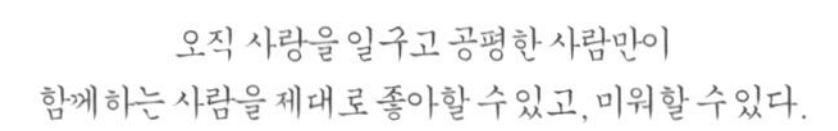

오직 사랑을 일구고 공평한 사람만이
함께하는 사람을 제대로 좋아할 수 있고, 미워할 수 있다.

古典不敗

가장 충격적인 패륜 근친 살해 소설

《카라마조프가의 형제들》에 대해서 말해보자. 이 책은 누구나 다 잘 알고 있듯이 러시아의 대문호 도스토옙스키의 대표작이자 최후의 작품이다. 그리고 이 소설은 한 마디로 인과응보 즉, 죄를 짓는 불완전한 인간을 둘러싼 여러 가지 환경들 중에서도 가족을 중심으로 엮어나간 인간의 추악한 내면과 남자들의 사랑과 욕망 때문에 빚어지는 혈투의 세계를 적나라하게 관찰한 작품이라고 할 수 있을 것이다. 그러한 인간의 추악한 모습들을 통해서 우리가 살펴볼 수 있는 것은 죄와 벌, 인간과 신, 인간과 가족에 대한 것들이다.

100여 년 전에 쓰인 이 작품이 현대 사회의 비정한 모습을 가장 잘 드러내 주고 있는 소설이라면 믿을 수 있겠는가? 믿기 힘들겠지만 이 소설에는 현대 사회의 모습이 그대로 담겨 있다. 그것도 가장 추악한 인간의 내면을 담고 있다. 현대 사회의 비정함과 비인간적인 모습을 근친 살해라는 패륜을 통해 나타낸 것이다. 더 놀라운 것은 이 소설이 100년도 더 이전에 써졌다는 사실이며 심지어 위대한 소설로 평가받고 있다는 것이다.

《꿈의 해석》의 작가이자 정신분석학의 창시자였던 프로이트는 이 소설에 대해서 "지금까지 쓰인 가장 위대한 소설이다"라며 엄청난 극찬을 했다. 또한 영국의 시사 주간지 옵저버는 인류 역사상 가장 위대한 책 100권을 선정하면서, 이 책도 포함시켰다. 이 책에 대한 개인적인 평가를 말해 보라고 한다면 나는 서슴없이 이렇게 말할 것이다.

"100년이나 더 이전에 쓰인 옛날 책이지만 현대인들의 패륜적인 범죄, 돈에 대한 탐욕, 이성에 대한 탐욕이 가장 잘 드러나 있는 놀라운 책."

그렇기 때문에 이 책은 현대 자본주의 사회의 거센 물결 속에서 아등바등 살아가고 있는 사람들이라면 모두 한 번쯤 읽어 봐야 한다. 특히 그 중에서도 돈을 밝히고, 여자를 밝히는 사람들이라면 반드시 읽어야만 하는 책이다.

카라마조프 집안의 특성을 의미하는 '카라마조프쉬나Karamazovshchina'라는 개념이 있다. 이것은 곧 세기말을 맞이하게 될 러시아 사회의 묵시록적인 혼돈을 상징하는 것을 의미한다. 그런데 중요한 사실은 이러한 카라마조프적인 세기말 현상이 오늘날 지구상 어디에서건 나날이 재현되고 있다는 점이다.

특히 부친 살해라는 사건을 조금만 더 의미를 확장해서 보면, 종교적으로 신에 대한 반역이며 정치적으로는 혁명과도 같은 행위라는 것을 누구나 쉽게 알 수 있다.

이 책에 대한 놀라운 진실 2가지

이 책에 대해서 알게 되면 놀라게 되는 진실 2가지가 있다. 그중에 첫 번째는 현재 우리가 읽고 있는《카라마조프가의 형제들》은 1부에 불과하며, 나머지 2부는 미완성된 채로 영원히 사라졌다는 사실이다. 작가는 이 책을 처음부터 2부작으로 구상했고, 그렇게 집필하려고 애초부터 계획되었다. 도스토옙스키는 이 책을 쉰일곱 살 때 쓰기 시작했는데, 처음에 그가 이 소설을 구상한 것의 반밖에 쓰지 못했다고 한다. 그래서 우리가 읽고 있는 부분은 당초에 구상된 분량 중에 1부에 불과하며 2부는 그가 집필하지 못하고 떠나는 바람에 세상에 나올 수 없었다.

바로 이러한 이유 때문에 이 책의 주인공에 대해서도 많은 사람들이 오해를 하고 있다. 이 책을 읽어보면 주인공이 누구인지 쉽게 알 수 없을 정도로 애매모호하다. 그리고 더 놀라운 것은 많은 사람들이 조연 정도로만 생각하는 사람을 사실은 이 책의 작가가 처음부터 주인공으로 내정하고 이 이야기를 써 내려갔다는 사실이다.

두 번째 놀라운 진실은 이 책의 주인공은 첫째도, 둘째도 아닌 셋째라는 사실이다. 이 책을 읽으면 이상한 것에 대해서 고민을 하게 된다. 고민은 아니더라도 한 번쯤은 오해를 하게 된다. 그것은 바로 주인공에 대한 오해이다. 이 책의 작가는 주인공을 전혀 엉뚱한 인물이라고 말하고 있기 때문이다. 그런 탓에 이 책의 작가는 서두에 독자들에게 양해를 구하는 듯한 글을 썼던 것 같다.

"나의 주인공 알렉세이 표도로비치 카라마조프의 전기를 시작함에 있어 나는 다소간 의혹에 빠져 있다. 그것은 다름 아니라 내가 비록 알렉세이 표도로비치를 나의 주인공이라 부르고 있긴 하지만 그럼에도 그가 전혀 위대한 사람이 아니라는 것을 나 자신이 잘 알고 있는 까닭에, 다음과 같은 종류의 질문들이 불가피하게 튀어나올 것임이 미리부터 훤히 보이기 때문이다. 즉, 당신의 주인공 알렉세이 표도로비치가 무엇 때문에 그렇게 뛰어나단 말인가, 당신은 왜 그를 주인공으로 골랐는가? 그가 무슨 그럴 듯한 일을 했단 말인가? 누구에게 무엇으로 유명하단 말인가? 독자인 내가 왜 그의 인생의 사실들을 연구하는 데 시간을 낭비해야 한단 말인가? 마지막 질문이 가장 치명적인 것인데, 왜냐면 그에 대해서는 그저 '아마 소설을 읽다 보면 직접 보게 될 거다'라고 대답할 수밖에 없기 때문이다."

치명적인 매력, 사랑이 지나치면 부모도 형제도 보이지 않는다

이 책을 재미있게 읽을 수 있는 방법은 무엇일까? 그것은 이 책의 핵심 등장인물들의 사랑 구조를 파악하는 것이다.

《카라마조프가의 형제들》에는 한 가지 중요한 사상이 토대를 이루고 있는데 그것은 '만인은 만인에 대해 유죄'라는 것이다. 이러한 사상은 다른 말로 하면, '모든 사람들은 모든 사람들 앞에서 모든 일에 있어서 죄를 짓고 있다'라는 말로 구체화될 수 있다. 그런데 이러한 사상이 가장 잘 적용되는 경우가 바로 등장인물들이고, 그중에서도 바로 가족들임을 알 수 있다. 과연 등장인물들은 서로에게 어떤 죄를 짓고 있는 것일까?

이 물음에 대한 답을 찾아가며 읽으면 더욱더 재미를 느낄 수 있을 것이다.

아버지가 점찍어 둔 여성인 그루센카를 오랜만에 아버지를 찾아온 첫째 아들 드미트리가 사랑하게 된다. 정말 아찔하다. 그런데 이 가족들의 얽히고설킨 사랑 구조는 이제 시작이다. 첫째 아들 즉, 형의 약혼녀인 카테리나를 그의 동생이자 둘째 아들인 이반이 사랑하게 되기 때문이다.

시쳇말로 이런 막장 드라마도 없다. 이렇게 복잡한 사랑 구조가 담겨 있는 책이 바로 이 책이다. 하지만 우리는 이 책을 통해서도 위대한 질문을 하나 던질 수 있다.

"어떻게 살아가야 할 것인가?"

심지어 가족들끼리도 자신의 이익을 위해서 싸우고 헐뜯는 이런 세상에서 우리는 어떻게 살아가야 하는 것일까? 우리가 살아가는 세상이 이렇다면 과연 이 세상을 만든 신은 존재하는가에 대해서 의문을 가지지 않을 수 없게 된다.

바로 이것이다. 바로 이런 질문이 작가가 독자들로 하여금 던지게 하고자 했던 궁극적인 질문일 것이라고 필자는 생각한다.

"과연 신은 존재하는가?"

도스토옙스키의 작품을 관통하는 하나의 사상

많은 사람들이 잘 알고 있듯이, 도스토옙스키는 매우 다양하면서도 극단적인 삶의 경험을 했던 인물이다. 보통사람들이 경험할 수 없는 삶의 마지막 순간인 사형 직전까지 갔던 인물이며, 평생을 생활고에 시달리고, 돈에 시달리고, 도박에 빠졌던 사람이다. 그는 교도소에도 들어갔고, 사형선고를 받기도 했고, 그 후 4년 동안 시베리아에서 유형을 받아야 했고, 또 4년간 몽골 국경 지역에서 강제로 군 복무를 해야 했다. 그 과정에서 그는 밑바닥 인생을 살고 있는 러시아의 민중들을 직접 만났을 뿐만 아니라 그들과 함께 생활하고, 그들과 함께 세상을 느끼고, 보고, 체험하며 살았다.

그런 강렬하고 지독한 체험을 통해 그는 위대한 사상가가 될 수 있었고, 위대한 사상가들의 정신적 지주가 될 수 있었던 것이다. 니체, 프로이트, 사르트르 같은 20세기 사상가들은 그를 기꺼이 자신의 정신적 지주라고 부르기를 마다하지 않는다.

사형수로서 죽음의 문턱까지 가본 생생하고 강렬한 체험을 토대로 그는 평생 누구보다 더 치열하게 살았을 것이기 때문이다. 그 덕분에 그는 영혼의 바닥을 들여다 볼 수 있었을 것이다. 그의 작품을 관통하는 하나의 사상은 '아름다움이 이 세상을 구원한다'는 것이다.

세상은 부조리와 부당함이 넘치는 곳이다. 하지만 이런 세상에서 절대 분노하거나 좌절하지 말고, 심지어 그런 삶에 매몰당하지 말라고 이 책은 말해주고 있다. 그러한 부당함과 부조리를 뛰어넘고, 초월하여 세상을 아름답게 살아갈 수 있게 해 주는 단 한 가지 사실이 존재하기 때문이라고 저자는 말한다. 그것이 바로 '이 세상은 아름다운 곳이라는 사실'에 대한 각성이며, 그 아름다움은 이 세상을 구원하기에 충분하다는 것이다.

'이 세상은 충분히 아름다운 곳이며, 그 아름다움이 부조리하고 부당한 이 참혹한 세상을 구원하고도 남는다는 사실'을 이 책은 일깨워주고 있다.

인간은 자신이 가진 한계 안에서 선과 악을 인식하고, 자신 스스로를 평가하여 다른 사람들보다는 착하다거나 죄가 없다 혹은 조금이라도 더 나은 사람이라고 생각하는 경향이 있다. 작가는 인간이 가진 이러한 맹점을 집어내어 드러내 주고 있다. 그리고 이런 생각은 인간이 자기 자신이라는 감옥에서 벗어나지 못해서 발생하는 오류이며 잘못된 인식이라고 말한다.

인간은 무엇보다 자신이 가진 관념의 틀 안에서 살아간다. 그 속에서 고뇌하고 고통 받으면서 살기도 하고, 반대로 기쁨을 발견하고 기쁨을 누리면서 살아가기도 한다.

자신의 관념이 조금 더 넓은 사람의 경우에는 이 세상이 비록 부조리하고 부당한 것으로 차고 넘친다 해도 그러한 세상에 매몰되지 않고 그러한 부조리하고 부당한 것들을 초월할 수 있는 더 큰 진리가 있음을 알 것이다.

필자는 도스토옙스키가 바로 그런 인물 중에 한 명이라고 생각한다. 그는 세상을 구하는 것은 아름다움이라고 생각했던 사람이다. 이것은 사랑이 아름다운 것이라고 생각했기 때문이며, 《논어》를 통한 공자의 생각에서도 살펴볼 수 있듯이 결국 세상을 바꾸는 것은 사랑이라는 사실을 알 수 있다. 그래서 그의 작품은 세상에서 가장 아름다운 것을 더럽고 추한 일상의 모습을 통해서 끄집어낸다.

돈을 벌기 위해
쓰고 또 쓴 위대한 작가

그가 평생 관심을 가졌던 것은 돈이었다. 그래서 평생 돈 얘기만 하다가 돈 문제로 싸우다 돈 문제 때문에 죽었다고 말해도 과언이 아닐 정도였다.

그의 작품들 중에 돈 이야기가 나오지 않는 작품을 한번 찾아보라. 절대 찾을 수 없을 것이다. 왜냐하면 모든 책이 그의 관심사였던 돈 이야기에서 절대로 벗어날 수 없었기 때문이다.

도스토옙스키는 생존을 위해, 빚을 갚기 위해, 가족의 생계를 위해 평생 책을 쓰고 또 썼던 작가다. 그래서 불쌍하기까지 하다.

그의 첫 번째 책 제목을 보라. 《가난한 사람들》이다. 돈이 없는 가난뱅이도 사람이라는 것을 그는 세상에 말하고 싶었던 것이다. 부자였기 때문에 돈 걱정 없이 소설을 썼던 톨스토이와는 전혀 달랐다. 도스토옙스키는 항상 톨스토이를 부러워했다. 톨스토이는 부자였기 때문에 원고를 고치고 또 고칠 수 있는 여유가 있었고, 이런 사실을 도스토옙스키는 부러워하고 또 부러워했던 것이다.

돈이 없어서 생존을 위해, 돈을 갚기 위해, 돈을 벌기 위해 처절하고 절박하게 책을 쓴 사람의 내면에는 무엇보다도 자본주의의 원리가 그대로 응축되어 있었을 것이다. 그래서 그의 소설에는 가장 현대적인 코드, 자본주의의 상징인 돈을 통해 인간과 세상을 성찰하게 하는 이야기가 담겨져 있다. 현대가 자본주의 사회로 발전하지 않았다면 그의 소설은 별로 큰 호응을 얻지 못했을 수도 있었을 것이라는 것이 필자의 생각이다.

도스토옙스키는 평생 가난하게 살았다. 톨스토이처럼 귀족 지주 가문에서 태어나지 못했고, 돌봐야 하는 친척들도 많았고, 무엇보다 그는 도박으로 많은 돈을 자주 날렸고, 빚쟁이가 되었기 때문이다.

그가 원고를 길게 쓰고 조금 더 방대하게 쓰려고 했던 이유가 바로 여기에 있다. 원고를 길게 써야 원고료를 더 받을 수 있기 때문이다. 그리고 그러한 환경은 그로 하여금 위대한 문호가 되게 해 주었다.

필자에게 글쓰기를 배우기 위해 찾아오시는 분들이 적지 않다. 그럴 때마다 꼭 해 드리는 말 중에 하나는 글은 반드시 엉덩이로 써야 한다는 것이다. 즉, 많이 쓰는 사람이 잘 쓰게 된다는 것이다. 그래서 글은 정직한 것이다. 그리고 글을 쓰는 이의 마음이 그대로 잘 투영되면 정직한 글이 나온다.

도스토옙스키의 마음속에 자리 잡고 있던 하나의 관념은 돈이었다. 그가 돈에 대해 다음과 같은 말을 할 정도로 그의 삶과 집필은 돈과 떼려야 뗄 수 없는 관계였다.

“돈은 주조된 자유다. 그래서 자유를 완전히 박탈당한 사람들에게 돈은 열 배나 더 소중한 것이다."

도스토옙스키 《죽음의 집의 기록》 중에서

다양한 극적인 체험을 하고, 여러 가지 상황 때문에 평생 빚 속에서 허덕이며 살았던 인물이기도 한 그는 바로 그러한 남다른 삶을 통해서 현대 자본주의의 모습과 인간의 복잡한 심리를 내다볼 수 있었다. '잔인한 천재, 대문호, 영혼의 선견자, 예언자' 등등 그를 수식하는 어마어마한 말들은 그의 심오함을 잘 대변해 준다.

그의 책들은 모두 공통점이 있다. 매우 두껍고 길고 장황하다는 것이다. 그의 소설이 이러한 특징을 가지게 된 가장 큰 이유는 그가 빚을 갚기 위해 원고료를 한 푼이라도 더 많이 받아야 했다는 절박한 현실 상황에서 크게 벗어나지 않을 것이다. 다시 말해 그는 한 푼이라도 더 많이 받기 위해 원고를 길게 쓰고 또 길게 썼던 것이다.

그에게 책은 돈을 벌기 위한 하나의 수단에 불과했다고 해도 과언이 아니다. 그에게 책 쓰기는 집필이라기보다는 하나의 노동에 가까웠을 것이다. 그는 돈을 벌기 위해서 글을 쓰기 싫은 날에도, 비가 오나 눈이 오는 날에도, 기쁠 때나 슬플 때에도 글을 쓰고 또 썼다. 그는 러시아에서건 유럽에서건 아침이건 저녁이건 한밤중이건 글을 썼다. 그래서 그가 전천후 작가인 것이다. 그렇기 때문에 우리는 그를 제대로 이해해야 한다. 그는 생존을 위해 써야만 했던 작가였다. 감옥에서 여생을 보내지 않기 위해서 책을 썼고, 빚을 갚기 위해 책을 썼고, 자식들에게 옷을 사주기 위해 책을 썼다.

그런 삶을 살면서 그는 자연스럽게 돈의 위력을 알게 되었고, 현대적인 소설을 쓸 수 있을 만큼 돈에 대한 의식이 높아질 수 있게 되었던 것이다. 한마디로 그 당시에는 찾아보기 힘들 정도로 돈이라는 물질에 대해 제대로 이해한 사람이었다. 그는 돈을 읽어냈고, 무엇보다 돈을 필요로 했던 작가였던 것이다.

그의 작품들을 보면 하나같이 돈 이야기로 시작해서 돈 이야기로 끝을 맺고 있다. 첫 번째 책인《가난한 사람들》도 돈이 없는 사람도 역시 사람이라는 것을 말한 책이다. 두 번째도, 세 번째도 그리고 마지막까지도 돈에 대한 이야기인 것이다.

돈은 시간이고, 돈은 자유이고, 돈은 근원이고, 돈은 천국이고, 돈은 문학이고, 돈은 평등이라는 것이 그의 작품 속에 등장한다.

특히 이 책《카라마조프가의 형제들》은 '돈에 관한 돈에 의한 돈을 토대로' 하는 소설이다. 좀 더 구체적으로 말을 한다면, 이 책은 '3,000루블에 관한 3,000루블에 의한 3,000루블을 위한 책'이라고 말할 수 있다.

《카라마조프가의 형제들》을 한마디로 요약하면

이 책의 줄거리를 간단하게 한 문장으로 요약하면 '가장 충격적인 패륜 범죄인 부친 살해를 주제로 한 가족 소설'이라고 할 수 있다. 러시아 악덕 지주의 표상인 표도르 카라마조프가 20여 년 만에 찾아온 아들들에 의해 패륜적인 범죄인 부친 살해의 당사자가 되었다는 이야기이다. 정말 충격적인 줄거리가 아닐 수 없다. 진짜다. 조금 더 자세하게 줄거리를 살펴보면 이렇다.

19세기 러시아의 한 소도시 지방의 지주이기도 하고 호색한이기도 한 표도르에게 20여 년 만에 아들들이 찾아온다. 첫째 아들 드미트리는 재산 문제를 담판 짓기 위해서, 무신론자인 둘째 아들 이반은 형의 부탁으로 그를 도우기 위해서, 독실한 신앙의 길을 걷고 있던 셋째 아들 알렉세이는 아버지와 형들을 안타깝게 지켜보는 관찰자로 등장한다.

세 아들은 모두 독특한 개성을 가지고 있다. 첫째 드미트리는 연애 지상주의자이고, 둘째 이반은 허무주의적 가치관을 가졌으며, 셋째 알렉세이는 기독교적인 가치관을 가진 가장 이상적인 성격의 소유자이다.

돈 문제로 20여 년 만에 만나게 된 아버지와 아들 사이에 또 다른 문제가 생긴다. 바로 여자 문제였다.

첫째 아들은 아버지가 점찍어 둔 그루셴카에게 반해 버리고, 둘째 아들은 형의 약혼녀인 카테리나에게 반해 버린다. 결국 재산 문제를 해결하기 위해 왔다가 여자 문제로 분노와 갈등은 더 깊어 가고, 어느 날 밤에 표도르는 살해된 채 발견되어 드미트리는 친부 살해범으로 체포되고 만다. 엄청난 일이 벌어지고 나서야 표도르 가문은 갈등과 부조리에서 벗어나 셋째 아들 알렉세이에 의해 그리스도적인 사랑을 찾게 된다.

누군가 나에게 이 책을 한 문장으로 요약하라고 한다면 필자는 일말의 주저함도 없이 다음과 같이 말할 것이다.

"인간의 추악함을 통해 인간과 삶의 지고지순한 아름다움을 노래한 책!"

누군가는 '추악한 인간들의 지저분한 모습들로 가득 차 있는 이 소설을 어떻게 인간과 삶의 지고지순한 아름다움을 노래한 책이라고 말할 수 있나?'라고 의구심을 던질지도 모른다. 하지만 잘 생각해보자.

모욕과 수치, 증오와 보복, 부친 살해와 자살, 수탈, 쟁취 등과 같은 인간 영혼의 온갖 추악한 면을 드러내 보여주는 이 책을 통해 진정 당신들에게 그리고 더 앞으로의 후손들에게 보여 주고 싶었던 것이 과연 무엇일까? 인생은 별 볼 일 없는 것이고, 인간은 모두 더러운 쓰레기일 뿐이라는 것일까?

아니다. 절대로 아니다. 이 책을 통해 도스토옙스키가 말하고자 했던 것은 이것이었다.

"인생은 아름답다."

즉, 인생은 아름다운 것이며, 아름다운 인생을 살아가는 모든 인간들의 가장 소중한 권리는 행복한 삶을 살아가는 것임을 말하고자 했던 것이다. 그리고 그러한 행복한 삶은 신이 인간에게 부여한 의무이기도 하다고 말한다.

과연 모든 것이 허용되는가?

이 책을 읽은 독자들이라면 그저 감상과 충격에 젖어 멍하니 앉아 있어서는 안 된다. 세상에서 가장 위대한 소설을 읽은 독자들이기 때문이다. 그렇기 때문에 가장 위대한 질문을 던져야만 한다. 이 책을 읽은 독자들이 던져야 하는 가장 위대한 질문은 무엇일까?

그것은 바로 '과연 인간에게는 모든 것이 허용되는 것인가?'라는 질문이다. 이 질문을 조금 더 다른 표현으로 한다면 다음과 같을 것이다.

'부조리하고 탐욕이 넘치고 추악한 이 세상에서 우리는 어떻게 살아가야 할 것인가?'

'서로 사랑하고, 아껴주기에도 부족한 가족끼리 서로 증오하고, 싸우고, 죽이고, 스스로 자살할 정도로 추악하고 더러운 영혼들이 살아가는

이 세계에 과연 신은 존재하는가?'

신이 존재하지 않는다면 모든 것이 허용될 수 있을지도 모른다. 물론 아닐 수도 있고, 의견이 분분해질 것이다. 하지만 신이 존재한다면 얘기는 달라진다. 신이 존재한다면 모든 것들 중에 많은 것들이 허용되지 않을 것이다.

그런 것들 중에 하나가 '자살에 대한 선택'이다. 이 책에서도 자살을 선택한 인물이 있다. 그리고 지금 우리가 살아가고 있는 이 세상에는 자살을 선택하는 사람들이 한두 명이 아니다. 특히 한국 사회는 자살률이 가파르게 성장하고 있고, 청소년 자살률, 성인 자살률이 세계적으로 가장 높은 나라다.

'과연 자살은 개인의 문제인가? 그리고 과연 자살은 올바른 일인가? 허용되어서는 안 되는 일인가?' 우리는 이런 질문을 스스로에게 던져보아야 할 것이다.

앞에서 언급했던 것처럼 행복한 삶이 '신이 인간에게 부여한 의무'라면, 그 의무를 다하지 못해 힘들게 살아가는 사람들이 스스로 목숨을 던지는 자살을 선택했다는 것은 스스로에게 벌을 주는 것이 되는가? 아니면 행복한 삶도 살지 못한 의무 소홀과 함께 신이 부여해 준 고귀한 생명을 스스로 거부해 버리는 신에 대한 반항이라는 큰 죄까지 짓는 것일까? 이 지점에서 우리는 또 다른 질문을 던질 수 있을 것이다.

"인간이란 과연 어떤 존재인가?"

독자들 스스로 이 질문을 던지고 또 던질 수 있어야 한다. 정답은 없다. 하지만 우리는 끊임없이 던져야 한다. 조금 더 나은 답을 찾기 위해서 투자한 시간과 노력만큼 우리는 더 나은 인간이 될 수 있기 때문이다.

꼬리에 꼬리 물기, 고전 넘나들기

EBS FM 〈김병완의 고전불패〉라는 코너를 진행하면서 필자가 해 온 것 중에 하나인 '꼬리에 꼬리 물기'는 고전을 좀 더 폭넓게 이해하여 더 깊은 지혜와 의식으로 확장시키기 위한 것이다.

이 책에서 먼저 꼬리가 되는 부분은 이 책의 숨겨진 주인공인 동시에 진짜 주인공인 셋째 아들 알렉세이의 마지막 연설 장면에서 나오는 말이다.

"삶을 두려워하지 마십시오! 뭐든 참되고 좋은 일을 한다면 삶이란 정말 좋은 것입니다."

이 말과 연관성이 있는 말을 니체의 《차라투스트라는 이렇게 말했다》

에서 찾을 수 있다.

"인간은 짐승과 초인 사이에 놓인 밧줄이다. 심연 위에 놓인 밧줄이다. 저쪽으로 건너가는 것도 위험하고 건너가는 과정도 위험하고 뒤돌아보는 것도 위험하고 무서워서 멈춰 서는 것도 위험하다."
"인간의 위대함은 그가 다리일 뿐 목적이 아니라는 데 있다. 인간의 사랑스러움은 그가 과도이며 몰락이라는 데 있다."

여기서 과도는 건너가는 존재를 의미하며, 몰락은 내려가는 존재를 의미한다. 즉, 너무 완벽한 상태여야 하는 것은 아니라는 말이다. 인간의 사랑스러움은 부단히 도전하고 건너가는 데 있을 뿐만 아니라 실패하고 실수하는 미숙한 불완전한 존재라는 데 있다는 것이다. 그렇기 때문에 삶을 두려워할 필요는 없다. 참되고 좋은 일을 한다면 실패하거나 실수를 해도 그것조차도 좋은 것이며, 사랑스러운 것이기 때문이다.

이 책을 보면 굉장히 많은 애정과 증오의 사례가 나온다. 아버지와 아들, 형제들, 이웃 사람들이 모두 미워하고, 증오하고, 다투고 있다. 그런데 이러한 미움도, 그리고 사랑도 결코 그것이 등장인물들을 나쁘게 평가해야 할 증거는 되지 못한다.

《논어》를 보면, 공자는 이런 말을 한 적이 있다.

"오직 사랑을 일구고 공평한 사람만이 함께하는 사람을 제대로 좋아할 수 있고 함께하는 사람을 제대로 미워할 수 있다."

공자의 말대로 생각해 본다면, 이 책에 나오는 등장인물들은 더럽고 추악한 인물들이 아니라 오히려 사랑을 일구고, 공평했던 사람들이라고 할 수 있다.

20세기 문학과 철학의 지형도를 완전하게 바꾸어 놓은 대문호 도스토옙스키의 마지막 소설은 공자의 어록을 모은 《논어》와 인간의 본성에 대한 탐구라는 주제를 공유하고 있지만, 소설이라는 형식을 통해 삶과 죽음, 사랑과 욕정, 신과 인간, 종교와 이성에 대한 깊은 성찰을 독자로 하여금 가능하게 해 주었다.

반드시 읽어봐야 할 최고의 소설임에 틀림없다.

호밀밭의 파수꾼

미국 현대 문학의 최고봉을 읽다

"그건 그렇다 치고, 나는 늘 넓은 호밀밭에서 꼬마들이 재미있게 놀고 있는 모습을 상상하곤 했어.
어린애들만 수천 명이 있을 뿐 주위에 어른이라고는 나밖에 없는 거야.
그리고 난 아득한 절벽 옆에 서 있어.
내가 할 일은 아이들이 절벽으로 떨어질 것 같으면 재빨리 붙잡아주는 거야.
애들이란 앞뒤 생각 없이 마구 달리는 법이니까 말이야.
그럴 때 어딘가에서 내가 나타나서는 꼬마가 떨어지지 않도록 붙잡아주는 거지.
온종일 그 일만 하는 거야.
말하자면 호밀밭의 파수꾼이 되고 싶다고나 할까.
바보 같은 얘기라는 건 알고 있어.
하지만 정말 내가 되고 싶은 건 그거야.
바보 같겠지만 말이야."

_《호밀밭의 파수꾼》 중에서

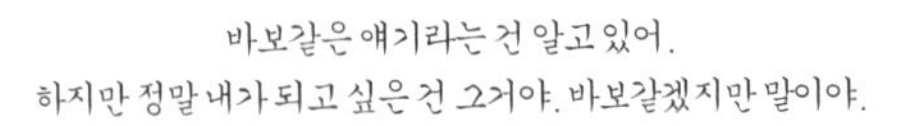

바보같은 얘기라는 건 알고 있어.
하지만 정말 내가 되고 싶은 건 그거야. 바보같겠지만 말이야.

古典
不敗

금지 소설에서
최우수 권장 소설이 된 책

《호밀밭의 파수꾼》은 매우 기이한 책이다. 출간 즉시 청소년이 읽으면 안 될 소설로 낙인 찍혔던 이 책이 세월이 흘러 오히려 최우수 권장 도서가 되었기 때문이다. 이것이 과연 말이 되는 것인가?

한마디로 말도 되지 않는다. 이런 어처구니없는 상황처럼 이 책의 내용도, 묘사도 어처구니없다. 더 놀라운 사실은 이런 어처구니없는 책이 '미국을 대표하는 현대 문학의 최고봉'이라는 평가를 받고 있다는 것이다. 다시 말해, 기존의 통념을 철저하게 깨뜨리고 새로운 그 무엇인가를 이야기하거나 묘사할 때 사람들은 거부반응을 보이게 된다. 그러다가 세월이 흐른 후에야 비로소 그 새로운 것의 진가를 깨닫게 되고, 뒤늦게 재평가하게 된다.

프랑스의 명물이 된 에펠탑도 초기에는 엄청난 혹평을 받았다. 낯설었기 때문이다. 하지만 지금은 프랑스 국민들에게 가장 사랑받는 명소

중에 하나가 되었다. 이 책도 다르지 않다.

이 책이 처음 출간되었을 때는 미국 중산층의 거짓과 가식과 위선을 적나라하게 들추어 낸 보기 드문 책이었다. 그래서 그 이유 때문에 출간 초기에는 청소년 구매 금지 도서로 낙인이 찍혔다. 하지만 세월이 지나자, 용감한 이들이 나타났다. 그중에 한 명이《내가 죽어 누워 있을 때》의 작가이자 노벨 문학상을 수상한 윌리엄 포크너다. 그는 이 책을 '현대 문학의 최고봉'이라고 평가했다.

하지만 초기에 미국인들의 이 책에 대한 평가는 극과 극이었다. 이 책이 출간되었던 1952년에는 이 책 한 권으로 인해 미국 사회가 엄청난 충격에 빠지게 되었다고 해도 과언이 아니다.

재미있는 사실은 이 책 한 권으로 인해 작가인 제롬 데이비드 샐린저는 세계적인 명성을 얻게 되었다는 것이다. 이 책에 대한 논란이 가중되면 가중될수록 판매는 급증하게 되었고, 그 덕분에 지금까지 이 책은 1500만 부 이상이 판매되어, 베스트셀러와 스테디셀러를 동시에 기록했다. 지금도 이 책은 매년 전 세계적으로 30만 부 정도가 꾸준히 판매되고 있다.

존 레논을 죽인 살인범의 손에 들려져 있던 한 권의 책

이 책이 많은 사람들에게 알려지게 된 결정적인 계기가 또한 어처구니없는 사건 때문이었다는 사실을 아는 사람들은 많지 않을 것이다.

1980년 12월 8일 밤 11시경 뉴욕 맨해튼에서 일어난 일이었다. 적막을 깨고 다섯 발의 총성이 들렸다. 이 총성은 결국 세계의 음악 팬들을 경악시켰다. 한때 세계에서 가장 유명한 뮤지션이었던 비틀즈의 리더 존 레논과 관계된 사건이었기 때문이다.

마크 채프먼이 세계적으로 유명한 음악가인 존 레논을 살해한 것이다. 총격을 당한 존 레논의 옆에는 두 사람이 있었다. 한 명은 존 레논의 부인인 오노 요코였고, 또 다른 한 사람은 이 범행의 장본인인 마크 채프먼이었다. 마크 채프먼의 손에는 총과 함께 소설《호밀밭의 파수꾼》이 들려 있었다고 한다. 더 놀라운 사실은 마크 채프먼이 존 레논의 열혈 팬이었고, 살해 당일에도 몇 시간 전에 존 레논을 찾아와서 음반에 사인을 받기까지 했다는 것이다. 충격적인 상황은 더 이어졌다.

경찰이 현장에 도착하기 전까지의 마크 채프먼의 행동은 경악을 금치 못하게 한다. 마크 채프먼은 존 레논을 살해한 뒤 이 책을 꺼내들고 읽고 있었다고 한다.

이게 말이나 되는 이야기일까?

누군가를 살해할 만큼 정신이 파괴된 자가 손에 들고 있었던 바로 그 책! 누군가를 살해하는 죄악을 행동으로 옮기는 그 순간에 손에서 놓지 않았던 바로 그 책! 암살범이 즐겨 읽었던 바로 그 책! 그 책이 바로《호밀밭의 파수꾼》이었다. 게다가 더 놀라운 것은 마크 채프먼이 스스로 밝힌 암살 동기였다.

놀랍게도 그는 '거짓과 가식에 대한 홀든 콜필드의 절규' 때문에 범행을 저질렀다고 말했다. 그는 또한 여기에 한 술 더 떠서 '모든 사람들이 《호밀밭의 파수꾼》을 읽어야 한다'고 세상에 외쳤다. 그리고 그 사건보다 더 큰 충격적인 일이 세계 곳곳에서 벌어지기 시작했다. 영화계는 물론이고 음악계의 수많은 뮤지션들이 이른바 '콜필드 신드롬'에 빠져들었다.

왜 폴 사이먼과 아트 가펑클, 빌리 조엘 등과 같은 세계적인 뮤지션들이 이 작품에 빠져들었던 것일까? 그 이유를 명확하게 설명할 수 있는 사람은 이 세상에 단 한 사람도 없다. 심지어 이 책의 작가인 샐린저도 마찬가지일 것이다.

미국 중산층의 가식과 위선을 적나라하게 드러낸 책

이 책은 출간되자마자 청소년 금지 도서로 낙인이 찍

혔고, 미국 사회에 큰 파장을 불러 일으켰다. 이유는 미국 중산층의 치부를 적나라하게 그대로 드러낸 소설이었기 때문이다. 그것도 퇴학당한 고등학생의 2박 3일간의 방황 이야기를 통해 거대한 미국 사회를 통째로 드러내 보여 준 것이다.

그것도 세상이 무엇인지, 인생이 어떤 것인지도 제대로 알지 못하는 열여섯 살 소년의 눈을 통해서 말이다.

미국 중산층은 거짓과 위선으로 가득 차 있는 어른들의 세계를 잘 표현해 주고 있고, 그 속에서 정신적으로 파괴되어 가고 있는 미숙한 현대인들을 가장 잘 나타내 주는 것이 바로 열여섯 살 난 고등학생이다.

퇴학당한 고등학생, 그것도 정신병원에 입원해야 할 정도로 정신이 붕괴되어 버린 청소년이 정신병원 병동에서 들려주는 2박 3일간의 방황 이야기가 어떻게 미국 중산층의 거짓과 가식을 표현하며 '현대 미국 문학의 최고봉'이라는 찬사를 받을 수 있었던 것일까?

필자는 그 이유를 샐린저만이 가지고 있는 독특한 문학 스타일에서 찾을 수 있었다. 물론 또 다른 여러 가지 이유들이 있을 수 있다는 것을 인정하지 않을 수 없지만, 그럼에도 불구하고 작가가 가진 독특한 문학 스타일은 그 어떤 이유들보다 더 크다고 생각한다.

미국 중산층의 가식과 위선을 현실적으로 드러낸 작품들은 적지 않다. 영화로도 많이 접한 것이 사실이다. 그럼에도 최고라는 평가를 받는 작품은 많지 않다.

미국 폭스 TV를 대표하는 캐릭터인 '심슨'도 가식과 위선으로 가득 차 있는 문제 많은 미국 중산층을 소재로 한 애니메이션이다. 이와 더불어 〈아메리칸 뷰티〉라는 영화도 역시 허위와 가식, 위선으로 가득 차 있는 미국 중산층의 얘기를 다루고 있다.

이러한 문제들로 인해 미국의 중산층은 쉽게 파괴될 수 있다는 것을 역설한 이 작품에서 실제로 영화 속 가정은 끝내 파멸의 위기를 맞게 되고, 중산층의 파멸은 결국 미국 사회 전체의 파멸을 의미하는 것이기에 역설적으로 이것만은 막아야 한다고 주장하는 것이다. '아메리칸 뷰티'라는 제목은 바로 이런 사실을 말해준다. 미국이 추구하는 아름다움을 오래 지키기 위해서는 미국 중산층이 가지고 있는 바로 그런 허위와 가식, 위선을 벗어버려야만 한다는 것을 설파하는 것이다. 그럼에도 불구하고 이 책의 명성을 뛰어넘는 책은 아직까지 출간되지 않은 듯하다. 물론 현대 미국 문학은 마크 트웨인의 《허클베리 핀의 모험》이란 단 한 권의 책에서 비롯되었다고 말하는 어니스트 헤밍웨이의 말을 빌리자면, 단연 마크 트웨인이 선두 주자이다. 하지만 이 두 권은 스타일이 다르다는 점을 우리는 알아야 한다.

마크 트웨인의 작품은 문학의 정수를 이루는 유머와 풍자에 대해 타의 추종을 불허하는 그의 날카로운 감각이 단연 돋보이는 작품이고, 셀린저의 작품은 청소년의 방황, 일탈을 통해 미국 중산층의 허위와 가식, 위선을 적나라하게 보여주는 독특한 스타일이 돋보이는 작품이다.

《호밀밭의 파수꾼》 깊게 천천히 읽기

자, 그렇다면 이 책의 제목이 왜 하필 '호밀밭의 파수꾼' 일까? 그것은 주인공의 소박한 꿈이 그것이기 때문이다. 이 책의 후반부에 보면 이런 대목이 나온다.

> "그건 그렇다 치고, 나는 늘 넓은 호밀밭에서 꼬마들이 재미있게 놀고 있는 모습을 상상하곤 했어. 어린애들만 수천 명이 있을 뿐 주위에 어른이라고는 나밖에 없는 거야. 그리고 난 아득한 절벽 옆에 서 있어. 내가 할 일은 아이들이 절벽으로 떨어질 것 같으면, 재빨리 붙잡아주는 거야. 애들이란 앞뒤 생각 없이 마구 달리는 법이니까 말이야. 그럴 때 어딘가에서 내가 나타나서는 꼬마가 떨어지지 않도록 붙잡아주는 거지. 온종일 그 일만 하는 거야. 말하자면 호밀밭의 파수꾼이 되고 싶다고나 할까. 바보 같은 얘기라는 건 알고 있어. 하지만 정말 내가 되고 싶은 건 그거야. 바보 같겠지만 말이야."
>
> J.D. 샐린저 《호밀밭의 파수꾼》, (민음사, 2001), 229~230쪽

바로 이 대목에서 작가가 말하고 싶은 주제가 드러난다. 순수한 아이들이 절벽으로 떨어지는 것을 붙잡아주는 파수꾼과 같은 그런 사람이 되고 싶다는 것이다.

이 책의 줄거리를 다시 한 번 되짚어 보면, 명문 사립학교에 다니는 16살 소년이 퇴학을 당하는 것으로 이야기가 시작된다. 퇴학을 당한 소년의 눈으로 바라보고 겪은 2박 3일 동안의 이 세상이라는 괴물에 대해 작가는 1인칭 시점으로 풀어냈다.

이 책의 주인공은 부유층 자녀다. 그래서 쉽게 문제아가 되는 가난하고 결핍된 가정의 자녀가 아닌 부유층 자녀가 주인공이기 때문에, 가난한 집의 자녀의 눈으로는 도저히 볼 수 없고 깨달을 수 없는 그런 미국의 중산층을 좀 더 있는 그대로 숨김없이 독자들에게 보여 줄 수 있었던 것이다.

우리가 이 책을 읽을 때 초점을 맞추어야 할 부분은 바로 이 부분이다. '왜 부유층 자녀가 세상에 그렇게 많은 불만을 가지고 있고, 스스로 문제아를 자처하는가?' 하는 것이다. 왜 주인공 콜필드는 문명 세계를 거부하고 멀리 서부로 가서 귀머거리에 벙어리 행세를 하며 돈을 모아 숲 가까이에 작은 오두막집을 짓고 죽을 때까지 거기서 살고 싶어 했을까? 왜 주인공 콜필드는 호밀밭의 파수꾼이 되고 싶어 하는 것일까?

이 책은 성장소설답게 성장하면서 누구나 가지게 되는 고민들을 담고 있을 뿐만 아니라 더 나아가서 미국 중산층의 위선과 가식을 고발한다. 어째서 금서에서 헤르만 헤세의 성장소설을 능가하는 명성과 평가를 얻게 된 것일까?

이 책의 위대함은 미성숙한 인간의 모습을 통해 성숙하고 건강한 인간으로의 삶에 대한 방향 제시가 아닐까? 물론 더 많은 이유가 있겠지만, 수많은 이유 중에서도 가장 최고의 이유는 이것이 아닐까 하는 생각이 든다.

작가와 주인공의 세 가지 공통점

샐린저는 매우 독특한 작가다. 그는 대중들에게 나타나는 것을 극도로 싫어한다. 심지어 《호밀밭의 파수꾼》 출간 50주년 기념행사를 전 세계의 팬들이 기대하고 있을 때도 '익명성은 작가 고유의 자산'이라는 이유로 침묵할 정도였다. 그러고 보면 이 책의 주인공인 홀든 콜필드와 이 책의 작가인 샐린저는 닮은 점이 적지 않다.

첫 번째 공통점은 두 사람 모두 정신병원에 입원한 적이 있다는 것이다. 심지어 이 책의 주된 배경은 정신병원이다. 더 구체적으로 말하자면 이 소설은 신경쇠약에 걸린 주인공 홀든 콜필드가 캘리포니아의 어느 요양소에서 정신과 의사에게 자신의 이야기를 털어놓는 내용으로 구성되어 있다.

작가 샐린저 역시 군 생활을 하면서 스트레스로 정신병원에 입원하여 치료를 받은 적이 있다. 주인공과 작가는 여기에 공통점이 있다.

두 번째 공통점은 두 명 모두 영화를 극도로 싫어한다는 것이다. 먼저 이 책의 주인공인 홀든 콜필드는 독백을 시작할 때 가장 먼저 자신은 영화를 싫어하기 때문에 절대로 자기 앞에서 영화 이야기를 하지 말아달라고 다음과 같이 이야기하는 대목이 나온다. 이 책을 주의 깊게 읽어본 독자라면 모두 알 것이다.

> "영화는 내가 정말 싫어하는 것 중에 하나다. 내 앞에서 제발 영화 이야기는 하지 않았으면 좋겠다."
>
> J.D. 샐린저 《호밀밭의 파수꾼》, (민음사, 2001), 10쪽

그런데 실제로 이 책의 작가인 샐린저도 영화를 매우 싫어한다. 샐린저에게 영화 제의가 들어왔을 때 그는 "홀든이 싫어할까봐 두렵습니다"라는 멋진 말로 거절한 적도 있다.

세 번째 공통점은 두 명 다 부유한 집안의 아들이었다는 점이다. 이 책을 읽어보면 주인공이 얼마나 부유한 생활을 하고 있는지 잘 알게 된다. 지금 우리 주위에 보면, 먹고 사는 형편이 어려워서 생활고에 허덕이는 사람들이 적지 않다. 하지만 주인공은 이런 사람들과 전혀 다른 세상에서 살고 있는 것처럼 보인다. 그만큼 주인공은 부유한 상태였다. 그렇게 '부유할 때 정신 수양을 제대로 하지 않으면 더 많이 망가지게 된다는 사실도 이 책을 통해 간접적으로 깨닫게 되는 하나의 원리가 아닐까?'라는 생각이 든다.

부익부 빈익빈富益富 貧益貧의 원리가 책에도 그대로 적용이 되는 것일까? 샐린저는 이 한 권의 책을 출간한 것을 통해 세계적인 명성을 얻는 작가로 도약했기 때문이다.

샐린저만의 고유한 문학 스타일

이 책을 읽으면서 가장 먼저 인식할 수 있게 되는 것은 샐린저만이 가지고 있는 고유한 문학 스타일이다. 과연 샐린저만이 가지고 있는 독특한 문학 스타일이란 무엇일까?

가장 두드러진 그만의 표현법은 과장된 숫자이다. 책의 본문을 읽어 내려가면 어렵지 않게 발견하게 되는 것이 바로 이러한 표현들이다. 실제로 본문에 나와 있는 과장된 숫자 표현들을 찾아보면 이렇다.

"애클리 녀석은 하루에도 85번은 우리 방을 들락거리며……"

"계속해서 늘어놓는 건 지난여름 같이 자려 했다는 여자에 대한 이야기였다. 그 이야기는 한 번만 더하면 백 번째였다."

"그 애는 나보다 두 살 어렸지만, 오십 배 정도는 더 똑똑했다."

"이름이 블롭 중령인가 하는 그 남자는 누군가와 악수하면서 손가락을 마흔 개가랑을 부러뜨려야만 직성이 풀릴 것 같은 그런 사람이었다."

"로비는 텅 비어 있었다. 그곳에서는 마치 5천만 대의 시가 꽁초를 모아 놓은 것 같은 냄새가 나고 있었다."
"그때 이후로 꽤 많은 시간이 흘렀다. 한 50년은 전에 있었던 일처럼 느껴졌다."
"어느 노부부의 50만 년은 될 것처럼 긴 인생에 관한 내용이었다."

두 번째 샐린저만의 독특한 표현법은 사물을 통한 묘사다.

"어쨌건 이곳의 12월은 마녀의 젖꼭지처럼 춥다."
"선생은 내 답안지를 마치 똥이라도 만지는 것처럼 손에 들고 있었다."
"하지만 내 피는 온통 탭 댄스를 추도록 흐르고 있지 뭡니까."
"수화기를 통해 들려오는 그녀의 목소리는 정말 암호랑이 같았다."
"하지만 스트라드레이터는 에이브러햄 링컨 같은 진지한 목소리로 계속 여자를 유혹했다."
"그는 여전히 듣지 못했다. 바위처럼 잠만 퍼 자고 있었다."
"별세계에 온 것처럼 기분이 좋았다."

이처럼 샐린저는 마녀의 젖꼭지, 똥, 탭 댄스, 암호랑이, 에이브러햄 링컨, 바위, 별세계 등과 같은 사물이나 고유명사들을 사용하여 묘사하는 것을 좋아한다. 이것이 그만의 스타일인 것이다. 이것뿐만 아니라 이 책의 특징 중에 하나는 미국을 상징하는 단어들이 많이 사용되고 있다는 점인데 콜라, 햄버거, 할리우드 등과 같은 단어들이 자주 등장한다.

가식과 위선의 세상을 지혜롭게 살아가는 방법

가식과 위선으로 가득 차 있는 이런 세상을 지혜롭게 살아가는 방법은 무엇일까? 우리는 어떻게 살아가야 하는 것일까?

이러한 질문에 한마디로 대답해 보면 이렇다.

"모든 게 가짜인데 왜 그렇게 붙잡으려고 애쓰는가?"

《장자》에 나오는 한 구절이다. 이 얼마나 멋진 말인가! 이 세상은 헛되고 헛된 것으로 가득한 것이 아니라 헛되고 헛된 바로 그것이 세상이다. 그러므로 너무 집착하고 연연하지 말라는 것이다.

똑같은 상황과 형편에서 즐겁고 신나게 하루하루를 최선을 다해 열심히 살아가는 청소년들도 있다. 그런데 이 책의 주인공은 그렇게 살아가지 못하고 있다. 그저 타인의 거짓과 가식과 위선만을 보면서 세상의 모든 것들을 싫어하고, 세상의 모든 거짓과 가식과 위선을 마치 자신의 집안일인 양 자신의 내면으로 끄집어들이며, 그것으로 인해 자신의 정신

세계는 파괴될 대로 다 파괴되었다.

그렇게 파괴되는 것이 희생이고, 그것으로 인해 더 나은 세상이 오거나 더 나은 인생을 살게 되었다면 필자는 주인공에게 찬사를 보낼 것이다. 하지만 주인공은 찬사를 받기는커녕 비난을 받아야 할지도 모른다.

세상이 거짓과 위선으로 가득 차 있다고 해서 자신은 타락하고 방탕한 생활을 하며 자신에게 주어진 공부나 학교생활에 충실하지 않아도 된다는 것은 아니기 때문이다.

부나 성공에 너무 집착해서 살아가는 사람들도 문제지만, 너무 그런 것에서 벗어나 사는 사람들도 문제다. 더 큰 문제는 세상의 거짓과 가식과 위선을 개선하기 위해 가장 먼저 상대해야 할 대상은 타인이 아니라 자기 자신이라는 사실을 망각하고 있다는 점이다.

세상을 변화시키고자 하는 사람은 가장 먼저 자신을 변화시켜야 한다. 자기 자신의 일상을 잘 관리하고, 자기 자신의 마음을 잘 다스리지 못하는 사람은 세상을 절대 변화시킬 수 없을 뿐만 아니라 조금이라도 세상을 더 나은 세상으로 이끌지도, 영향을 끼치지도 못한다.

자신이 학생이라면 가장 훌륭한 학생이 되는 것이 이 세상을 더 나은 세상으로 바꾸는 일이다. 자신이 선생이라면 가장 훌륭한 선생이 되는 것, 자신이 회사원이라면 가장 훌륭한 회사원이 되는 것, 자신이 스포츠 선수라면 가장 훌륭한 선수가 되는 것, 자신이 농부라면 가장 훌륭한 농부가 되는 것이 이 세상을 보다 살기 좋은 곳으로 만드는 일이다. 그런 점에서 주인공은 거짓과 위선으로 가득 차 있는 세상을 더욱더 복잡하고 어지럽게 만드는 데 일조를 한 사람에 불과하다.

슬픔과 아픔과 고통을 다 놓아버리고 초월하여 살라고 장자는 강조한다. 다 놓아버리라고 말이다. 세상의 모든 것은 다 가짜라는 것이다. 그렇기 때문에 옳고 그른 것도, 성공과 실패도, 득과 실도, 모두 인간의 의식 속에 존재하는 허상이며 환상의 그림자에 불과하다는 것이다.

가식과 위선으로 가득 차 있는 이 세상을 지혜롭게 살아가는 첫 번째 방법은 '집착하지 말고, 자유롭게 살라'는 것이다. 그리고 두 번째 방법은 자신보다 타인에게 관대하라는 것이다.《명심보감》에 이런 말이 나온다.

"귀로는 다른 사람의 그릇됨을 듣지 않고, 눈으로는 다른 사람의 단점을 보지 않으며, 입으로는 다른 사람의 허물을 말하지 않아야 군자에 가깝다."

우리가 살아가는 것이 괴롭고 힘든 이유는 우리 자신에게 너무 관대하고, 타인에게 너무 각박하기 때문이다. 이것을 반대로 하여 타인에게 관대하고 자신에게 엄격하면 놀랍게도 자신이 더 행복해지고 삶이 더 풍요로워진다.

세 번째 방법은 세상을 쫓아가고, 남과 보조를 맞추기 위해 자신을 가짜로 만들지 말라는 것이다. 자신을 가짜로 만들지 말라는 것은 자신의 인생을 타인이 이미 만들어 놓은 인생으로 살아가지 말라는 것이다.

세상은 부와 명성을 좇고, 꿈과 목표의 노예가 되고, 스스로를 착취하면서 피로사회를 살아가라고 말한다. 하지만 부와 명예와 출세를 포기한다면 자기 자신만의 인생길을 멋지게 개척해 나갈 수 있게 된다. 그런 삶은 가짜가 가득 차 있는 이 세상에서 최고의 가치가 있는 진짜 인생일 것이다. 그것이 바로 거짓과 가짜가 가득 차 있는 이 세상을 가장 가치 있게 살아가는 방법 중에 하나다.

인정과 욕심에 휘둘리면 쉽게 가짜가 될 수 있다고 장자는 말한다. 출세와 성공과 부에 눈이 멀게 되면 가짜가 될 수밖에 없다. 그렇기 때문에 욕심을 버려야 한다.

《호밀밭의 파수꾼》을 한마디로 요약하면

《호밀밭의 파수꾼》이 책을 한마디로 요약한다면 '열여섯 살 소년의 독백 이야기'라고 할 수 있다. 조금 더 구체적으로 설명하자면, '퇴학당한 소년이 2박 3일 동안 정신이 파괴되어 가는 과정을 섬세한 심리 묘사를 통해 담은 방황과 성장이 혼재하는 스토리'라고 말할 수 있다.

결국 '퇴학당한 소년의 2박 3일 동안의 이야기'로 요약할 수 있겠다. 그것도 크리스마스 휴가 바로 전에 말이다. 자신이 다니던 펜시 고등학교에서 쫓겨난 후 72시간 동안의 이야기다.

부모님을 마주 대하기 싫은 마음에 뉴욕에서 며칠을 보내기로 하지만 그동안 주인공은 서서히 영혼이 피폐해져 가게 된다. 바로 이러한 심리적 변화와 주인공이 가진 세상에 대한 태도가 한 편의 작품이 된 것이 바로 이 책이다.

"그곳에서는 귀머거리에 벙어리 행세를 하며 살 참이었다. 그러면 누구하고도 쓸데없고, 바보 같은 대화를 하지 않아도 될 테니 말이다."

이 말처럼 주인공은 세상 사람들과의 대화와 만남과 인연에 염증을 느껴 멀리 떠나고 싶었던 것이다. 부유한 계층에 자신이 속해 있었기 때문에 누구보다도 더 자세히 현대 사회의 추악한 속물근성과 소위 지식인이라고 불리는 계층의 위선과 가식을 알고 있었고, 그로 인해 염증을 느꼈던 것이다. 그래서 주인공은 귀머거리에 벙어리 행세를 하고 싶다고 말한다.

그의 아버지는 지식인 계층을 대표하는 변호사였고, 그의 형은 할리우드에서 시나리오 작가로 활동하는 사람이었다. 주인공은 뉴욕의 뒷골목을 떠돌며 이미 오염되어 버린 현대인들의 영혼에 누구보다 더 큰 상실감을 맛보게 되고, 아무도 신뢰할 수 없는 지경에 놓인다. 그런데 이것은 바로 자기 자신의 영혼이 피폐해져 가는 정도를 묘사하는 것과 다를 바 없다. 한마디로 한 인간이 3일 동안 영혼이 파괴되어 가는 과정을 그린 소설이다. 그렇게 영혼이 제대로 파괴된 주인공에게 참다운 파수꾼이 있다는 사실은 우리들에게 희망을 제시해 준다.

주인공을 지켜주는 파수꾼은 다름 아닌 여동생 피비였다. 여동생 피비의 믿음과 사랑, 맑은 영혼은 홀든 콜필드를 이 세상의 모든 위선과 가식, 추악함으로부터 지켜주는 파수꾼이었던 것이다.

이 책을 비판하는 이들은 이 책에 사용된 언어들이 너무 거칠고 세속적이고 외설적이라 말한다. 그리고 세상을 가짜라고 비난하는 홀든 콜필드야말로 가짜와 같은 인물이라고 비판한다. 그럼에도 불구하고 이 책은 가짜 세상을 만든 기성세대들에게 그 가짜임을 깨닫게 해 주고, 치부를 드러나게 해 주는 몸에 좋은 쓴 약과 같은 존재가 아닐까 하는 생각이 든다.

그런 점에서 이 책은 '세상의 가짜에 대해 비판하는 진짜가 되고 싶은 소년의 외침'이라고도 할 수 있을 것 같다.

이 책을 재미있게 읽는 법

공부에는 왕도가 없지만, 독서에는 왕도가 있다. 그리고 특히 이 책을 재미있게 읽는 방법이 있다.

첫 번째 방법은 다양한 번역서들을 한 자리에 모아놓고 비교해 보면서 읽는 것이다. 물론 이런 식으로 책을 다 읽을 수는 없다. 그렇기 때문에 한 페이지 정도를 선택해서 여러 번역서들을 비교하며 읽어 본 후 자기 자신에게 가장 적합한 번역서를 선택해 그 책으로 완독을 하는 것이다.

외국어가 모태인 책들은 번역서가 하나 뿐인 경우가 드물다. 이 책처럼 유명한 책일수록 번역서가 매우 많다. 누가 번역하느냐에 따라서 원서의 느낌과 깊이가 다르게 전달될 수 있다. 그렇기 때문에 좀 더 나은 독서를 위해서는 조금 더 나은 번역서를 선택할 수 있어야 한다.

가장 나쁜 습관은 그저 아무 책이나 읽으려고 하는 게으름이다. 같은 시간을 투자해서 읽더라도 더 잘 읽히고, 더 쉽게 이해할 수 있고, 더 많이 배울 수 있는 그런 번역서가 따로 있기 때문이다. 이것은 한자로 써진 책들을 읽을 때도 마찬가지이다. 누가 번역을 하느냐에 따라 원서의 느낌과 충실도가 전혀 다르다.

두 번째 방법은 주인공이 싫어하는 것이 무엇인지를 리스트하면서 읽는 방법이다. 이 책의 주인공인 홀든 콜필드는 세상을 약간 부정적으로 바라본다. 그래서 싫어하는 것이 많다. 그런데 주인공이 과연 어떤 것들을 싫어하고 있고, 왜 싫어하는지에 대해서 탐구해나가면서 읽으면 이 책은 훨씬 더 큰 재미를 느낄 수 있다.

주인공이 싫어하는 것 중에 대표적인 것이 영화와 '멋있다'라는 말과 싸구려 가방이다. 영화는 앞에서도 이야기했듯이 주인공도, 작가도 모두 싫어하는 것이다. '멋있다'라는 말을 싫어하는 이유는 너무 가식적인 말이라고 생각하기 때문이다.

"'멋지다'라니. 내가 싫어하는 말이 있다면 그건 멋지다는 말이다. 너무 가식적인 말이기 때문이다."

J.D. 샐린저《호밀밭의 파수꾼》, (민음사, 2001), 144쪽

그가 싸구려 가방을 싫어하는 이유는 아마도 그것이 진짜 가죽이 아니기 때문일 것이다. 그리고 싸구려 가방이 의미하는 것은 진실, 진짜가 아닌 거짓과 가식이 아닐까?

"난 누구라도 싸구려 가방을 들고 있는 것이 싫었다. 좀 잔인한 말이긴 하지만 그런 싸구려 가방을 들고 있는 사람까지도 싫어지는 것이다."

J.D. 샐린저《호밀밭의 파수꾼》, (민음사, 2001), 145쪽

세 번째 방법은 주인공의 정신이 파괴되어 가는 과정의 흐름을 연결시켜 가면서 읽는 방법이다. 앞서 언급했듯이 이 이야기는 2박 3일 동안 주인공이 퇴학당하고 나서 집으로 돌아오는 과정에 정신이 파괴되어 가는 과정을 섬세한 심리 묘사를 통해 표현한 이야기이다. 그렇기 때문에

어떻게 해서 어떤 식으로 얼마나 주인공의 마음과 태도가 파괴되어 가는지를 하나의 흐름으로 연결시켜 가면서 읽으면 이 책을 더욱 재미있게 읽을 수 있다.

그리스인 조르바

자유의 동의어

그는 펄떡펄떡 뛰는 심장과 푸짐한 말을 쏟아내는
커다란 입과 위대한 야성의 정신을 가진 사나이였다.
_《그리스인 조르바》 중에서

"확대경으로 보면 물속에 벌레가 우글우글한데요.
자, 갈증을 참을 거요. 아니면 확대경을 확 부숴 버리고 물을 마시겠소?
_《그리스인 조르바》 중에서

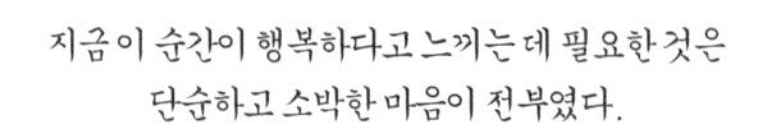

지금이 순간이 행복하다고 느끼는 데 필요한 것은
단순하고 소박한 마음이 전부였다.

古典
不敗

모래인 대지에서 탯줄이 떨어지지 않은 사나이

충격이었다. 이 책은 충격! 그 자체였다. 그 이상도 그 이하도 아니었다. 무엇이 충격이었다는 것일까? 이 책을 읽은 사람들이 왜 잘 다니던 학교를 그만두고, 사표를 던지고, 인생이 흔들리고, 심각하게 괴로워했는지를 알게 되었기 때문이 아니다. 그 이상의 것들 때문이었다. 그것은 이 책의 주인공인 조르바와 이 책의 작가인 니코스 카잔차키스가 작당을 해서 우리들에게 정면으로 시비를 걸기 때문이다.

'그렇게 살지 말고 조르바처럼 살아봐!' 라고 말이다. 책 나부랭이, 아니 조르바의 표현에 따르면 책 부스러기를 통해서 인생이 바뀐 필자는 엄청난 충격이었다. 자유로운 영혼이며 이 책의 주인공인 조르바와 정반대되는 인물이 바로 책벌레라고 불리는 '나'였다.

조르바는 이런 사람이었다.

"살아 있는 가슴을 가진 사나이, 푸짐한 언어를 쏟아내는 커다란 입을 가진 사나이, 위대한 야성의 영혼을 가진 사나이, 아직 모태인 대지에서 탯줄이 떨어지지 않은 사나이, 결혼을 정직하게 말해서 한 번, 비양심적으로 말해서 천 번 아니 3천 번쯤 한 사나이, 뱃속에는 악마가 아홉 마리쯤 있을 것이라고 생각하며 사는 사나이, 도자기를 굽는 데 방해가 되는 왼손 집게손가락을 스스로 반쯤 자른 사나이……."

하지만 이런 조르바에게 두목이 나타났다. 바로 책벌레 '나'라는 사람이다. '나'는 피레에프스라는 조용한 항구에서 조르바를 처음 만났다. 그리고 그 만남은 너무나 충격적이었기에 책만 알고 살았던 책벌레인 '나'를 완전하게 바꾸어 놓기에 충분했다.

"그의 표정이 내 안에 조용한 혁명을 일으켰다. 나는 내 원고 나부랭이를 내팽개치고 행동하는 삶으로 뛰어들 이유를 찾았다. 나는 이 새로운 인생에 책 부스러기 따위는 끼워 넣고 싶지 않았다."

니코스 카잔차키스《그리스인 조르바》, (더클래식, 2012), 14쪽

정말로 놀라움 그 자체였다. 조르바는 이렇게 말한다.

"세상을 산다는 것은 결코 복잡한 것도, 힘든 것도, 1000년 동안 시들어

버린 꽃잎처럼 재미없이 말라비틀어진 것도 아니야. 지금 이 순간을 즐겨, 인생은 우리에게 주어진 멋진 선물이니까!"

모태인 대지에서 탯줄이 끊어지지 않은 것처럼 순진난만하며, 타인에게 큰 피해를 주지 않는 한 자신의 삶을 즐길 줄 알았던 인물, 조르바에게서 우리는 삶의 자유를 배울 수 있을 것 같다. 이 책을 읽으면 자유로운 삶을 만끽할 수 있으리라.

그리스의 국민 작가
니코스 카잔차키스 들여다보기

나는 아무것도 바라지 않는다.
나는 아무것도 두려워하지 않는다.
나는 자유다.

니코스 카잔차키스가 생전에 남긴 묘비명이다. 그는 진정 자유인이었다. 평생 여행을 하면서 그는 몸뿐만 아니라 뼛속까지도, 심지어 영혼까지도 자유롭게 살았던 인물이 아니라고 할 수 있는 사람은 이 세상에 단 한 명도 없을 것이다.

그는 자신의 책《영혼의 자서전》에서 자신에게 가장 큰 은혜를 베푼 것들은 여행과 꿈이었다고 밝힌 적이 있다. 그가 가장 존경했던 인물, 본받고 싶었던 인물, 가장 많은 영향을 받은 인물은 호메로스와 부처와 니체와 베르그송과 조르바였을 것이다. 그는 철학의 온갖 물음에서 베르그송을 통해 해방될 수 있었고, 삶을 사랑하고 죽음을 두려워하지 않을 수 있게 된 것은 조르바 때문이었다고 다음과 같이 말한 적이 있다.

"내 삶에 가장 큰 은혜를 베푼 것들은 여행과 꿈이었다. 죽었거나 살았거나 내 투쟁에 도움이 된 사람은 극히 드물다. 하지만 내 영혼에 가장 깊은 자취를 남긴 사람들의 이름을 대라면 나는 아마 호메로스와 부처와 니체와 베르그송과 조르바를 꼽으리라.

호메로스는 기운을 되찾게 하는 광채로 우주 전체를 비추는, 태양처럼 평화롭고 찬란하게 빛나는 눈이었으며, 부처는 세상 사람들이 빠졌다가 구원을 받는 한없이 새까만 눈이었다. 베르그송은 젊은 시절에 해답을 못 얻어 나를 괴롭히던 철학의 온갖 문제들로부터 나를 해방시켜 주었으며 니체는 새로운 고뇌로 나를 살찌게 했고 불운과 괴로움과 불확실성을 자부심으로 바꾸도록 가르쳤으며, 조르바는 삶을 사랑하고 죽음을 두려워하지 말라고 가르쳤다."

니코스 카잔차키스《영혼의 자서전》중에서

카잔차키스는 1883년 크레타 섬에서 태어났다. 그렇다. 그는 그리스인이다. 그러나 그는 스스로를 크레타인으로 부르기를 좋아했다고 한다. 그것은 그가 태어날 때 크레타 섬만이 터키의 지배 아래 있었기 때문이다.

그의 작품과 그의 작품 속 주인공을 통해 미루어 짐작할 수 있는 것은 크레타인들의 기질이다. 한마디로 난폭하고 거칠다는 것이다. 카잔차키스는 자신의 작품을 통해 크레타 섬에 대한 절대적인 사랑을 표현한다.

"한 번 부르면 가슴이 뛰고, 두 번 부르면 코끝이 뜨거워지는 이름…… 기적이다. 내가 크레타 사람이라는 것은."

그러면서도 그는 자신이 그리스인임을 작품을 통해서, 자신의 삶을 통해서 말해 준다. 그가 쓴 이 책의 주인공이 그리스인이며, 그가 가장 많은 영향을 받은 사람 중에 첫 번째로 꼽는 인물이 그리스인이기 때문이다. 그가 바로 그리스 민족 시인 호메로스이다.

알베르트 슈바이처는 카잔차키스를 이렇게 추모한 적이 있다.

"니코스 카잔차키스처럼 나에게 감동을 준 이는 없다. 그의 작품은 깊고, 지니는 가치는 이중적이다. 이 세상에서 그는 많은 것을 경험하고, 많은 것을 알고, 많은 것을 생산하고 갔다."

니코스 카잔차키스는 이런 글을 자서전에 쓴 적이 있다. 이 글을 보면 소설 속의 조르바라는 인물과 매우 흡사하다는 것을 직감적으로 알 수 있다.

> "내 영혼을 처음으로 뒤흔든 것은 공포나 고통이 아니었고, 쾌감이나 장난도 아니었고, 자유에 대한 열망이었다. 우선 터키인들로부터 되찾아야 하는 자유, 그것이 첫 번째 단계였고, 그 다음엔 내면의 터키인인 교만과 악의와 시기로부터, 공포와 게으름으로부터, 눈을 멀게 하는 헛된 사상으로부터 그리고 마지막으로 가장 사랑과 흠모를 받는 대상들까지 포함한 모든 우상들로부터 자유를 찾으려는 새로운 투쟁이 시작되었다."

진정한 자유인, 조르바를 만나다

물레를 돌리는 데 거추장스럽다고 해서 자신의 손가락을 잘라버리는 사람이 있다. 여성의 치모를 모아 베개를 만들어 베고 자는 사람이 있다. 수도승을 꼬여 타락한 수도원에 불을 지르게 한 사람이 있다. 바로 이 책의 주인공인 조르바이다.

'초라한 한 조각의 삶을 안전하게 더듬거리며 살아가기 위해 하찮은 겁쟁이 인간들이 주변에 세워놓은 도덕이나 종교나 고행 따위의 모든

울타리를 과감하게 때려 부순다.'

이것이 조르바의 인생 철학이며, 자유에 대한 신념이다. 그는 어떻게 보면 혁명가이다. 기존의 것들을 때려 부수고, 거부하고, 온몸으로 저항하는 인물이기 때문이다. 젊은 수도승으로 하여금 수도원에 불을 지르도록 한 것도, 기존의 종교가 가지고 있는 위선에 대한 저항이었다.

진정한 자유는 무엇일까?

그것은 조르바처럼 세상의 이익에 너무 집착하지 않고, 머릿속으로 너무 재지도 않고, 거침없이 살아가는 것이다. 그래서 조르바의 삶을 통해 우리들은 진정한 삶의 자유를 느낄 수 있고, 참된 자유인을 만날 수 있는 것이다.

인간은 모두 자유를 갈망한다. 그럼에도 불구하고 진정 자유인으로 살아갈 수 있는 사람, 자유인이 될 수 있는 사람은 왜 그토록 극소수인가? 그 이유를 우리는 조르바의 대답을 통해 알 수 있을 것 같다.

> "내가 인생과 맺은 계약에 시한조건이 없다는 걸 확신하려고 나는 가장 위험한 경사길에서 브레이크를 풀어봅니다. 인생이란 가파른 경사도 있고 내리막길도 있는 법이지요. 잘난 놈들은 모두 자기 브레이크를 씁니다. 그러나 나는 브레이크를 버린 지 오랩니다. 나는 꽈당 부딪치는 걸 두려워하지 않거든요."

니코스 카잔차키스《그리스인 조르바》, (더클래식, 2012), 215쪽

그리스인 조르바가 진정한 자유인이 될 수 있었던 유일한 까닭은 두려움의 노예에서 벗어났기 때문이라고 말할 수 있다.

사람은 두려움에 사로잡히면 그때부터 그 대상의 노예가 되어, 자신도 모르게 그 대상에 끌려다니게 된다. 그 순간 자유인에서 노예가 되는 것이다. 진정한 자유인이 된다는 것은 그 어떤 것도 두려워하지 않을 수 있어야 한다. 실패가 두려운 사람들은 성공의 노예가 되기 싶고, 사람이 두려운 사람들은 인간관계의 노예가 되기 싶다.

노예는 자유를 느끼기 힘들다. 무거운 압박감과 의무감과 무엇인가에 종속된 의식 때문이다. 하지만 자유인은 그러한 것들에서 자유로워야 한다. 하지만 현대인들은 대부분 무거운 압박감과 의무감과 종속된 느낌을 가지고 살아간다. 진정한 자유인은 그 어떤 것도 바라지 않고, 그 어떤 것도 두려워하지 않는다. 다시 말해 자유인은 자유조차도 바라지 않는다. 이미 자유인이기 때문이다. 역설적으로 자유를 갈망하는 사람들은 따지고 보면 진정한 자유인이 아닌 것이다.

진짜 부자는 부를 갈망하지 않는다. 그저 부를 누릴 뿐이다. 진짜 자유인은 자유를 갈망하는 것이 아니라 자유를 누리며 살 것이다. 그런데 바로 이 책의 주인공인 조르바는 진정 자유를 누리며 사는 사람 같아 보인다.

이 책을 읽고 인생이 바뀐 사람들

이 책을 읽고 인생이 바뀐 사람들이 적지 않다. 우리나라에도 최근에 그런 사람들이 생겨나고 있다. 유명한 베스트셀러 작가이면서 대학 교수인 어떤 사람은 이 책을 읽고 나서 한 치의 주저함도 없이 잘 다니던 대학교를 떠나, 자유로운 삶을 위해 일본으로 여행을 떠났다는 소리를 들은 적이 있다. 구체적인 내막은 알 수 없지만 이 책이 적지 않은 영향을 준 것은 틀림없는 사실일 것이다. 그리고 또 어떤 사람은 이 책이 선사하는 자유로움에 몹시 괴로워했던 적이 있다고 말한다. 그만큼 이 책의 영향력이 크다는 것을 말해주고 있다.

이 책을 추천한 사람들은 정말로 인생이 바뀐 정도가 아니라 전혀 다른 새로운 삶에 대한 눈을 뜬 것 같다.

시골의사라는 필명으로 유명한 박경철은 '사회, 관계, 권력질서의 함정들과 소외 등을 다룬 문제작으로 당대를 넘어 시대성을 획득한 책'이라고도 말했다.

신정일 문화사학자는 《그리스인 조르바》를 통하여 자유와 사랑, 절망과 희망이 진실로 한 인간에게 어떻게 다가오고 어떻게 떠나가는가를 어렴풋이 깨달을 수 있었다고 말했다.

조국 법학자는 '이성과 합리와 도덕의 간판을 건 현대 콘크리트 사회를 살아가는 우리 뱃속 깊이 묻혀 있는 그 무엇을 불러일으킨다. 자유로운 영혼이 되기는 쉽지 않지만, 이를 꿈꾸는 것만으로도 행복하다. 그리고 잘난 머리를 쓰며 으쓱거리는 나에게 빈약한 팔과 가슴을 보라고 꾸짖는다'라고 말했다.

이런 말들이 비단 누구 한 사람에게만 국한되는 말은 아닐 것이다.

김정운 문화심리학자는 '이 책은 논리적으로 따지면 전혀 재미없다. 사회구조적인 모순이나 개인의 먹고사는 일과는 또 다른 차원의 가치가 존재한다는 것을 일깨워준 책'이라고 말했다. 그리고 그는 말뿐만 아니라 행동으로 이 사실을 증명해 보여 주었다. 잘 다니던 대학 교수 자리를 내놓고 진정한 자유인이 되었기 때문이다.

결국 이 책이 우리들에게 권장하는 삶은 '거침없이 살고, 두려워하지 말고 누리라는 것'이 아닐까?

《그리스인 조르바》 깊게 읽기

경사면을 내려가면서 조르바가 돌멩이를 걷어차자 돌멩이는 아래로 굴러 내려갔다. 조르바는 그런 놀라운 광경을 처음 보는 사람처럼 걸음을 멈추고 돌멩이를 바라보았다. 그가 나를 돌아다보았다. 나는 그의 시선에서 가벼운 놀라움을 읽을 수 있었다.

"보스, 봤어요?"

이윽고 그가 말했다.

"경사면에서 돌멩이는 생명을 얻습니다."

나는 아무 말도 하지 않았으나 내심 놀라운 기쁨을 맛보았다. 나는 생각했다. 위대한 환상가와 위대한 시인도 사물을 이런 식으로 보지 않던가! 매사를 처음 대하는 것처럼! 매일 아침 그들은 눈앞에 펼쳐지는 새로운 세계를 본다. 아니, 보는 게 아니라 창조하는 것이다.

조르바는 이 세상을 보는 것이 아니라, 매일 창조해 나간다. 이것이 그가 세상을 남들과 다르게 살아가는 유일한 방법이다. 매일 창조하면서 살아가기 위해서는 무엇이 남달라야 하는 것일까?

바로 세상을 바라보는 시선이다. 세상을 바라보는 시선이 달라야 한다. 그리고 그것은 다른 말로 세상을 남과 다르게 인식해야 한다는 말이다.

창조적인 삶은 남과 다른 창조적인 시각에서 비롯된다. 창조적인 시각은 창조적인 생각에서 비롯된다. 그러므로 생각을 바꾸어야 한다. 당신의 인생이 엉망이기 때문에 당신이 창조적인 삶을 살지 못하는 것이 아니다. 당신의 생각이 엉망이기 때문에 당신의 인생도 엉망이 되는 것이다. 당신이 창조적이지 못하기 때문에 당신의 인생도 엉망이 되는 것이다.

"그 친구가 나를 책벌레라고 불렀을 때 불쑥 치밀던 분노의 그 순간으로 다시 돌아갈 수 있다면! 나는 그 순간 내가 살아온 인생이 그 한마디 말로 집약된 것에 몹시 화를 내지 않았던가? 인생을 그토록 사랑하던 내가 어찌하여 책 나부랭이와 잉크로 더럽혀진 종이에 그렇게 오랫동안 처박혀 있었단 말인가!"

인생을 사랑하는가? 단 한 번뿐인 인생을 혐오하고 미워하는 사람은 없을 것이다. 그렇지만 인생을 제대로 살 수 있는 필요충분조건이 사랑은 아니다. 오히려 자신의 인생을 너무 사랑하고 아끼기 때문에 인생을 망치는 사람들이 얼마나 많은가?

책을 읽는다는 것은 매우 중요한 일이다. 하지만 그것은 인생을 좀 더 잘 살아내기 위해 필요한 지식과 의식을 얻기 위해서다. 그것이 전부라고 생각해서 평생 책만 읽고 싶다고 한다면 그것은 인생을 사랑하는 것이 아니라 낭비하는 것이다.

필자가 그랬다. 정말로 잘 다니던 직장을 그만두고 3년 동안 책만 읽었고, 그것도 모자라서 평생 책만 읽는 사람으로 남고 싶었다. 하지만 이 세상은 그것을 허락하지 않았다. 결국 다시 세상에 나와서 세상을 치열하게 살아가고 있다.

마치 3년 동안이 대학생들에게 주어진 방학 기간이었다는 생각이 들 정도로 고맙고 행복하게 느껴졌다.

작가는 이 책 속 등장인물의 입을 통해 이 세상에는 세 종류의 인간이 있음을 설명한다.

"조르바, 내 대답이 틀릴지도 몰라요. 나는 세 종류의 인간이 있다고 생각해요. 첫 번째는 주어진 인생을 먹고 마시고 연애하고 돈 벌고 명성을 쌓는 걸 삶의 목표로 여기는 사람이죠. 또 한 부류는 자기 삶보다는 인류의 삶에 더 관심이 있는 사람들이에요. 인간은 결국 하나라는 생각으로 인간을 가르치려 하고 사랑과 선행을 권합니다. 마지막은 전 우주의 삶을 목표로 하는 사람이에요. 사람, 짐승, 나무, 별이 모두 한 목숨인데 아주 지독한 싸움에 말려들었다고 생각하는 사람들이죠. 무슨 싸움이냐고요? 물질을 정신으로 바꾸는 싸움이에요."

당신의 인생은 이 세 종류 중에 어떤 인생인가? 정답은 없다. 다만 어떤 것이 더 자유인으로서의 삶인지 생각해 볼 필요는 있을 것이다. 이 책을 읽어 보면, 이런 질문에 쉽게 대답할 수 있게 될 것이다.

인생도 다르지만 그 인생을 살아나가는 주체인 인간 또한 다르다. 인간을 바라보는 시각이 70억 인구의 숫자만큼이나 다양하겠지만, 크게 나누면 세 가지일 것이다.

첫째는 신에 가까운 고귀한 존재, 둘째는 동물에 가까운 짐승 같은 존재, 마지막 셋째는 신과 동물의 특징을 모두 가지고 있는, 신도 아니고,

동물도 아닌 중간자적인 존재이다.

당신은 어떻게 생각하는가? 그런데 이 책에는 첫 번째와 두 번째 인물이 등장한다. 첫 번째 인물은 바로 이 책의 1인칭 시점이자 주인공인 '나'이다. 그리고 두 번째 인물은 바로 조르바다. 그런데 이렇게 두 종류의 인간이 만나서 부딪히게 되면, 변화를 받는 쪽은 왜 첫 번째인 '나'일까? 이 책에서도 그렇게 흘러간다. 그 이유는 무엇일까? 인간은 신이 아닌 동물에 더 가까운 존재이기 때문이 아닐까?

진짜 인간다운 인간은 고상한 척 신을 흉내 내는 사람이 아닌 카르페디엠을 외치고, 그것을 실천해 나가는 사람이다. 바로 조르바인 것이다. 그러나 이 책이 몰고 가는 분위기는 그것이지만, 이 책을 좀 더 깊게 읽어보면 그것이 전부가 아님을 알 수 있다.

영원히 죽지 않을 것처럼 사는 것과 당장 내일 죽을 것처럼 사는 것 중에 어느 것이 옳은 것일까? 이런 질문을 조르바가 주인공에게 한 적이 있다. 주인공은 놀라운 대답을 한다.

"똑같이 험준하고 가파른 길일지라도 도착지는 같을 수 있다."

즉, 어떤 삶을 살든 도착지점은 같을 것이라는 생각이다. 필자는 조르바가 가장 멀리하는 책을 가장 가까이 하는 사람이지만, 하루하루 조르바처럼 살았다는 것은 이 두 가지 삶이 반드시 별개의 것, 두 개의 삶이 되어야만 하는 것은 아니라는 점을 깨닫게 되었다.

니체가 말한 것처럼 우리는 과도기적인 중간자인 것이다. 그래서 우리는 영원히 죽지 않을 것처럼 살아서도 안 되고, 당장 내일 죽을 것처럼 살아서도 안 된다. 우리는 언젠가는 반드시 죽을 것처럼 살아야 한다.

위대한 질문 던지고 받기

이 책을 통해 위대한 질문을 던지라고 한다면 필자는 이런 질문을 던지고 싶다.

"당신은 죽은 지식인인가? 살아 있는 자유인인가?"

마치 필자에게 던지는 질문인 것 같다. 책 나부랭이만을 보면서 살아가는 사람과 책을 넘어 세상과 대면하면서 살아가는 자유인 조르바와 같은 사람들이 만들어가는 이 세상은 아름답다. 현실과 이상 사이에서 우리는 춤추며 살아가야 한다. 그것이 최고의 삶이 아닐까? 그렇다면 자유롭게 산다는 것은 어떤 것인가?

자유롭게 살지 못하는 사람들 중에 상상보다 더 많은 이들이 자유롭게 산다는 것이 어떤 것인지 모를 수도 있다고 최소한 나는 생각한다. 필자가 그런 사람들 중에 한 명이기 때문이다.

현대에는 노예가 없다. 하지만 현대인들이 모두 자유인이라고 할 수 있을까? 오히려 어떻게 살아야 자유롭게 사는 것인지 모르는 사람들이 훨씬 많을 것이다. 이런 사실에 대해 한 번도 고민해 보지 않고 그저 살아가는 사람들이 더 많을 것이다. 이 책은 바로 이런 사람들을 위한 책이 아닐까?

그렇다면 이 책의 작가인 카잔차키스가 지향했던 자유란 무엇일까? 이 책이 우리에게 전해주는 메시지는 무엇일까? 필자가 끊임없이 반복하는 말이 바로 메시지일지도 모른다.

이 책의 메시지는 '일자무식一字無識' 할 수 있는 조르바를 통해 제발 좀 자유로운 삶에 대해 눈을 뜨라는 것이다. 조르바는 그러한 사실을 말로 하는 것이 아니라 자신의 삶을 통해, 실천을 통해 당당하게 보여주고 있다. 자유로운 삶의 정수와 표상이 된 인물을 꼽으라고 한다면 필자는 장자를 꼽을 것이다.

장자를 좋아하는 사람들은 잘 알 것이다. 나무는 세 가지 종류의 삶을 살 수 있다고 한다. 베어지지 않고 온전히 뿌리를 보존한 채 무성하게 자라면 수명을 누릴 것이고, 잘려서 술잔이 되면 성대함을 누릴 것이고, 술잔이 아닌 부스러기로 버려진다면 자유를 누린다는 것이다.

인생은 어떨까? 왜 무엇인가에 매여서 평생을 살아야 한다는 말인가? 근심과 고통이 그런 것들 속에서 만들어지는 것은 아닐까? 욕망을 아무리 충족시켜도 또 다른 욕망이 생겨나기에 욕망을 충족시킨다고 해서 만족이 있는 것은 아니다.

자유롭게 산다는 것도 이와 다르지 않을 것이다. 하지만 그럼에도 불구하고 자유로운 삶을 살아가는 것이 무엇인가에 갇혀 살아가는 삶보다는 훨씬 더 나은 삶이라고 생각한다. 그래서 나는 자유로운 삶을 동경하고, 추구하며 살아가고 싶은 것이다.

자유롭게 살 수 있는 방법을 놀랍게도 무식한 조르바가 너무나 잘 알고 있다는 것은 어떻게 설명해야 할까?

조르바가 고개를 가로저었다.

"아니오, 당신은 자유롭지 않아요. 당신이 묶인 줄은 다른 사람의 그것과 다를지도 모르오. 그래요, 두목. 당신은 긴 줄에 매여 있습니다. 당신은 그 사이를 오고 가면서 그걸 자유롭다고 생각하겠지요. 그러니 당신은 그 줄을 잘라 버리지 못해요, 그런 줄은 자르지 않으면……"

"언젠가는 자르게 될 거요."

내가 오기를 부렸다. 조르바의 말이 내 상처의 정곡을 찔렀기 때문이었다.

"두목, 그건 당신에겐 불가능해요. 아주 어렵습니다. 그러려면 단순해져야 합니다. 아시겠어요? 당신이 가진 모든 걸 버려야 합니다. 하지만 당신에겐 좋은 머리가 있으니까 어떻게든 할 수 있겠지요. 인간의 머리란 식료품 상점과 같은 거예요. 계속 계산합니다. 얼마를 지불했고, 얼마를 벌었으니까 이익은 얼마고 손해는 얼마다! 머리란 좀스러운 가게 주인이지요. 가진 걸 다 걸어 볼 생각을 않고 꼭 비상금을 남겨 둡니다. 그러니 줄을 자를 수 없지요. 아니, 자르다니요! 오히려 더 붙잡아 맬 뿐이오, 그 멍청한 놈은! 줄을 놓쳐 버리면 머리라는 멍청이는 어쩔 줄 몰라 허둥지둥합니다. 그러면 모든 게 막을 내리는 거지. 그러니 인간이 이 줄을 자르지 못한다면 살 재미가 뭐 있겠소? 노란 카밀레 맛이지. 멀건 카밀레 차 말이오. 럼주 같은 맛이 나야 하는데 말이오. 잘라야 인생을 제대로 보게 되는데!"

니코스 카잔차키스 《그리스인 조르바》, (더클래식, 2012), 473~474쪽

조르바의 단순한 대답은 그 어떤 철학자의 장황한 설명보다 더 명쾌했다. 최소한 필자에게는 그랬다. 우리가 자유롭게 살지 못하는 단 한 가지 이유는 우리가 너무 계산적으로, 거래적으로 살아가고 있기 때문이다.

특히 자본주의 사회가 되어버린 지금 한국 사회에서는 모든 것이 계산에 의해 이루어진다. 심지어 연애조차도 그렇다. 결혼도 그렇다. 그래서 자살률이 가장 높은 나라가 되었고, 이혼율이 가장 높은 나라가 되었다. 이런 측면에서 보면 모든 것이 설명이 가능하다. 우리는 너무 계산적으로 변했다. 즉, 우리는 너무 계산적이기 때문에, 절대 자유롭게 살 수 없게 되었던 것이다.

한국 사회가 피로사회라고 비평하는 사람들이 적지 않다. 그런데 따지고 보면 한국 사회가 그렇게 된 이유도 바로 이것이다. 우리는 너무 계산적이다. 그래서 우리에게 묶여 있는 그 줄을 도저히 끊어낼 수 없는 것

이다. 그래서 우리는 눈에 보이지 않는 그 무엇인가의 노예로 속박된 채 살아가고 있는 것이다.

당신이 진정한 자유인인지 묻는 것보다 오히려 당신이 계산적이지 않고 순수한지를 묻는 것이 더 명확할 것 같다. 아이들이 어른들보다 행복한 이유는 바로 이것이다. 순수하기 때문이다.

행복을 보는 시각 엿보기

이 책이 제시하는 행복론은 무엇일까? 곰곰이 그것을 살펴보면, 결론은 간단하다. 행복하기 위해서는 행복을 느낄 수 있는 마음만 있으면 된다는 것이다. 결국 행복은 마음의 문제라는 것이다.

> "우리는 밤늦게까지 불 옆에 앉아 있었다. 행복이라는 건 포도주 한 잔, 밤 한 톨, 허름한 화덕과 바닷소리처럼 단순하고 소박한 것이라는 생각을 했다. 다른 건 필요하지 않았다. 지금 이 순간이 행복하다고 느끼는 데 필요한 것은 단순하고 소박한 마음이 전부였다."

니코스 카잔차키스 《그리스인 조르바》, (더클래식, 2012), 107쪽

그의 말은 1000% 정도 맞는 말이라고 나는 생각한다. 우리가 행복을

느끼는 데 필요한 것은 단순하고 소박한 마음이 전부다. 그 이상은 전부 거품인 것이다.

우리는 알고 있다. 이미 이 사실을, 이 진리를. 하지만 문제는 실천할 수 없다는 것이다. 왜 실천할 수 없는 것일까? 욕심이 많기 때문이다. 욕망이 많기 때문이다. 그래서 우리는 스스로 불행한 삶 속으로 풍요를 가지고 뛰어 들어가고 있는 것이다.

"우리는 교육받은 사람들의 지성보다 더 깊고 더 훌륭한 그의 긍지에 찬 태도를 존경했다. 우리들 같았으면 고통스럽게 몇 년을 걸려 얻을 철학을 그는 단번에 그 정신의 높이에 도달할 수 있었다. 우리는 '조르바는 위대한 사람'이라고 말했다. 만약 그가 그 높이에서 더 올라갔다면 '조르바는 미치광이' 라고 했을 것이다."

니코스 카잔차키스《그리스인 조르바》, (더클래식, 2012), 483쪽

무거운 지식인들보다 가볍지만 결코 가볍지 않은 조르바의 삶이 훨씬 더 행복한 이유는 무엇일까? 조르바는 박자를 맞추느라고 손뼉을 치며 외쳤다.

"브라보, 젊은이! 종이와 잉크는 지옥으로나 던져 버려! 상품과 이익 따위. 광산, 인부, 수도원, 그 따위 것들은 모두 잊어요. 이것 봐요. 당신이 나

의 언어인 춤을 배우면 우리가 서로 나누지 못할 이야기가 어디 있겠소!"

그가 더 행복한 이유는 상품과 이익 따위는 다 던져 버리기 때문이다. 상품과 이익은 결국 세상에 내놓을 스펙이고, 학벌이고, 인맥이다. 그러한 것들이 우리를 성공으로 이끌고 행복하게 이끌고 갈 것이라는 생각은 착각이다. 그런 것들이 없는 조르바를 보라. 그는 훨씬 더 행복하고 자유롭다.

인생을 진정 기뻐하고 누리고 즐거워하며 사는 사람이 필자는 좋다.

똑같이 도서관에서 하루 종일 책을 보는 두 사람이 있다. 그런데 두 사람의 모습은 전혀 다르다. 한 사람은 책을 진정으로 누리고, 기뻐하고, 즐거워하는 듯 보인다. 바로 필자의 모습이었다. 그런데 다른 한 사람은 미래의 성공과 부를 생각하며 하루하루 책을 보는 것이 정말 고역이고, 의무이고, 감옥인 것처럼 보였다.

도서관에 가 보면 이런 사람들이 적지 않다. 미래를 위해서 현재를 포기하는 사람들 말이다.

조르바는 이렇게 살지 말라고 온몸으로 말하고 있다. 미래를 위해 현재를 포기하지 말고, 현재를 위해 미래를 포기하라고 말한다. 오히려 지금 이 순간, 누리고 기뻐하고 즐거워하라고 말한다. 그런데 더 놀라운 깨달음은 지금 이 순간을 누리고 기뻐하고 즐거워하면, 미래도 그렇게 된다는 것이다.

사실 필자는 부와 성공을 위해서 좋은 대학을 가기 위해서, 좋은 직장에 가기 위해서, 빨리 승진하기 위해서 누구보다도 더 열심히 현재를 포기하고, 미래에 투자했다. 하지만 평범함에서 벗어나지 못했다. 그래서 다 포기하고, 자기 자신에게 최고의 기회를 주기로 했다. 진짜 하고 싶은 것, 진짜 가슴 설레는 것을 하고 싶었고, 월급을 벌어야 하는 의무감도 버리고, 그저 나 자신을 위해서 진짜 하고 싶은 것을 하게 되었다.

미친 듯이 책만 본 것이다. 현재를 조르바처럼 그렇게 누리고 기뻐하고 즐거워했다. 도서관에서 미친 듯이 책을 가슴에 껴안고 춤을 춘 적이 있다. 정말 조르바였다.

그렇게 3년 동안 아무 계획 없이, 아무 준비 없이, 그저 현실에 충실했다. 그렇게 되자 5년 후 베스트셀러 작가가 되어 있고, 김병완 칼리지, 김병완 미래경영연구소, 한국 MRP 코칭 센터의 대표가 되어 있었다.

필자는 지금도 목표는 가지고 있지만, 절대 목표에 집착하거나 연연하지 않는다. 다만 현재를 누리고, 기뻐하고 즐거워할 뿐이다.

행복은 부와 성공과 다른 것이다. 진짜 행복은 언제든지 사라질 수 있는 부와 성공이 아니다. 행복은 바로 지금 이 자리에 있을 뿐이다. 그것을 바라볼 수 없는 눈을 가진 당신은 행복에 대해서는 장님인 것이다.

이제 모두 행복에 대해서 눈을 뜨는 것이 필요하다. 이 책은 진짜 자유와 행복에 대해서 눈을 뜰 수 있게 해 주는 책이다. 꼭 한 번 읽어 보자. 한 번으로 안 된다. 두서너 번 읽어 보면 더 좋다.

인생을 조르바처럼 살아보기

우리의 인생을 조르바처럼 살아보면 어떨까? 정말 멋질 것 같다. 그렇다면 딱 한 달 만이라도 조르바처럼 살아보는 것은 안 될까? 조르바처럼 산다는 것은 어떻게 산다는 것을 말하는 것일까? 그것은 바로 매 순간 온몸으로, 열정적으로 산다는 것을 말한다.

"앞날이 걱정된다고 했소? 난 어제 일은 어제로 끝나오. 내일 일을 미리 생각하지도 않소. 나한테 중요한 건 지금 이 순간에 일어나는 일뿐이오. 나는 늘 나에게 묻소.
'자네 지금 뭐 하나?'
'자려고 하네.'
'그럼 잘 자게.'
'지금은 뭘 하는가?'
'일하고 있네.'
'열심히 하게.'
'지금은 뭘 하고 있나?'
'여자랑 키스하네.'
'잘해보게. 키스할 동안 다른 건 모두 잊어버리게. 이 세상에는 자네와 그 여자밖에 없는 걸세. 실컷 키스하게.'"

한마디로 조르바처럼 산다는 것은 아무것도 계산하지 않는 순순한 열정으로 매 순간 충실하게 살아가는 것을 말한다. 우리가 그에게서 가장 먼저 배워야 할 것은 조르바처럼 계산하지 않고 살아가는 방법이다. 우리는 우리 자신의 것을 너무 챙기려고 하기 때문에, 너무 손해 보지 않고 살아가려고 하기 때문에 큰 것을 얻지 못하는 경우가 많다. 기존의 것을 하나도 포기하지 않으려고 하면서 더 많은 것을 얻으려고 한다. 그래서 욕심이 지나쳐서 결국 죽도 밥도 안 되는 것이다.

필자가 11년 동안 직장 생활을 할 때 정확히 이런 상황이었다. 좋은 직장, 거액의 연봉, 사회적 지위와 평판, 타인의 시선과 부러움 등을 모두 포기할 수 없었기 때문에 헛된 인생을 살았던 것이다. 껍데기는 좋아 보이지만, 알맹이는 썩어 들어갔다. 무미건조한 인생 그 자체였다. 그러다가 용기를 냈다.

좋은 직장, 거액의 연봉, 사회적 지위와 평판, 타인의 시선과 부러움을 모두 포기했다. 그렇게 포기하자 결국 비교도 안 되는 더 좋은 것들을 얻게 되었다.

우리에게 묶인 줄을 자르지 못한다면 우리는 절대 더 나은 인생을 살아갈 수 없다. 인생 혁명이란 불가능하다. 아무것도 잃지 않고, 포기하지 않고는 그 줄을 자를 수가 없는 법이다. 무엇인가를 포기하고, 내려놓고, 버려야만 더 좋은 것들을 얻을 수 있고, 가질 수 있다. 그렇기 때문에 조르바처럼 살 필요가 있다.

너무 계산적인 사람이 되어서는 안 되는 이유가 이것이다. 필자는 3년 동안 월급 한 푼 안 받고 도서관에 매일 출근하다시피 하면서 책만 읽었다. 하루 열 시간 혹은 열다섯 시간 동안 책을 읽는다고 해서, 누가 대학 졸업장을 주는 것도 아니다. 조르바처럼 계산하지 않고, 매 순간 열정을 가지고 충실하게 살지 않았다면 절대로 할 수 없는 일이다. 그런데 그런 경험이 지금은 엄청난 재산이 되었다.

외형적으로 실패했다고 진정한 실패가 아니다. 오히려 그것은 실패가 아니라 성공인지도 모른다.

탄광 사업이 쫄딱 망한 뒤에 조르바는 좌절에 몸부림치며 후회하는 것이 아니라 덩실덩실 춤을 춘다. 왜 일까? 그것이 실패가 아니라 오히려 자유로 가는 토대가 되기 때문이다. 더 잃을 게 없을 만큼 다 잃어버릴 정도로 무엇인가에 도전하고 최선을 다해 봤는가?

조르바는 매 순간 충실하게 열정을 다해 살았기 때문에 결과에 연연하지 않고, 결과를 겸허히 수용하고, 새로운 도전을 지속할 수 있는 것이다. 외부적으로는 실패자지만 조르바는 정복자임에 틀림없다. 그는 그런 과정을 통해 더할 나위 없는 긍지와 환희를 느끼기 때문이다.

조르바를 찬양할 생각은 전혀 없다. 하지만 조르바처럼 사는 것도 쉽지는 않다. 왜냐하면 바보가 되어야 하기 때문이다. 그리고 용기도 필요하기 때문이다.

어떤 작가가 이 나라에선 마흔 살이 넘으면 다른 삶이 없다고 이야기했고, 그 말을 들은 또 다른 작가는 가슴이 절절하게 아파왔다고 한다. 하지만 필자는 그것은 어디까지나 의견에 불과하다고 정면으로 반박하고 싶다. 이 나라에서 마흔 살이 넘어서 다른 인생을 용감하게 살아가고 있는 사람들이 적지 않기 때문이다. 그리고 그런 사람들의 단 한 가지 공통점은 바보처럼 기존의 것들을 포기할 수 있었다는 것이다.

바보로 산다는 것은 결국 계산하지 않고, 기존의 것들을 다 포기할 줄 아는 그런 순수한 열정에서 비롯되어야 한다. 그런 점에서 너무 똑똑해서 계산하지 않을 수 없는 사람들은 절대 제2의 인생을 성공적으로 살아갈 수 없다.

캉디드

자신의 인생은 자신이 개척해야 한다

그러자 마르탱이 말했다.
"추론을 그만두고 일합시다. 일을 하는 것만이
삶을 견딜만하게 만드는 유일한 방법인 것 같습니다."
_《캉디드》 중에서

캉디드가 이렇게 대답했다.
"참으로 명언이긴 하지만 이제는 우리의 밭을 가꾸어야 합니다."
_《캉디드》 중에서

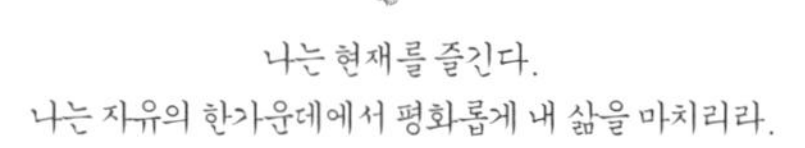

나는 현재를 즐긴다.
나는 자유의 한가운데에서 평화롭게 내 삶을 마치리라.

古典
不敗

가장 익살스러운
하지만 철학적인 소설

세상을 몰라도 너무 모르는 유순하고 고지식하고 순박한 청년이 있었다. 바로 이 책의 주인공인 '캉디드'다.

불어로 '순진한, 순박한, 천진하다, 순진하다'라는 뜻을 가진 '캉디드'라는 이름을 가진 이 소년은 독일 베스트팔렌 지방의 '툰더 텐 트롱크' 남작의 성에 살고 있었다.

> "용모만 보아도 부드러운 품성을 지닌 그의 영혼을 그대로 알 수 있을 듯했다. 그는 아주 순수한 마음과 제법 바른 판단력을 지니고 있었다. 그의 이름을 '캉디드'라고 부르게 된 것은 바로 그런 이유 때문인 것 같다."
>
> 볼테르《캉디드 혹은 낙관주의》, (열린책들, 2009), 3쪽

이 책은 한마디로 가장 익살스러운 풍자 소설이다. 필자가 지하철을

타고 매일 도서관에 출근하고 퇴근할 때 읽었던 소설 중에 하나가 바로 이 책이다. 그런데 이 책을 읽다가 너무 웃겨서, 지하철에서 박장대소한 적이 적지 않았기에 도저히 잊을 수 없는 소설 중에 하나가 되었다. 하지만 무조건 가장 익살스러운 풍자 소설로만 치부해서는 절대 안 된다. 이 책은 그 어떤 심오한 철학책보다도 더 심오한 철학적인 이야기를 담고 있다. 그래서 겉으로는 웃으면서도 속으로는 울어야 하는 그런 책이다. 또한 이 책은 가벼우면서도 무거운 책이고, 비현실적인 책이면서도 가장 현실적인 책이다.

이 책에는 세상을 과연 어떤 시각으로 봐야 할 것인가에 대한 논의가 담겨 있다. 쉽게 말해 세상은 정말로 살만한 것인지 아니면 정말 살기 힘든 곳인지에 대해서 말이다.

당신은 어떤가?

18세기를 대표하는 인물 즉, 계몽주의를 대표하는 인물인 볼테르는 세상에서 가장 익살스럽고 풍자가 가득한 소설을 탄생시켰다. 이 책은 비관주의 소설도 아니고, 그렇다고 해서 낙천주의 소설도 아니다. 이 책은 이 두 가지 요소를 다 갖추고 있으면서도 하나를 전적으로 맹신하게 하지 않는다.

이 책의 주인공인 캉디드는 낙천주의를 증명해 보이기 위해 고군분투하지만 모든 것들이 비관주의가 옳다고 말하는 듯하다. 만나는 사람들마다, 경험하는 일마다 온통 비관주의를 옹호하고 있다. 그러나 좀 더 크게 보면 비관주의를 옹호하는 것도, 낙관주의를 옹호하는 것도 아니라는 사실을 알게 된다. 볼테르가 말해 주고자 하는 것은 근거 없는, 검증 없는 낙천주의였다. 그리고 이것은 비관주의의 옹호도 아니고, 낙천주의의 무조건적 비판도 아니다.

팡글로스 선생처럼 '세상은 만사형통 하는' 게 아니라 '만사형통 하도록' 스스로 만들어 나가야 한다는 것을 보여주는 것이 아닐까 싶다. 이 책은 낙천적 세계관을 조소하고 풍자하는 철학적 콩트의 대표작이라고 할 만하다.

이 책은 어떤 사람이라도 염세사상에 빠져서는 안 되며, 우리의 미래와 사회는 우리 스스로 개척해 나가야 한다는 계몽 정신과 개척 정신을 담고 있다. 풍자를 통해 웃음을 선사하고, 웃음을 통해 지성에 호소하고, 지성을 통해 사회와 미래를 스스로 개척해 나가도록 명쾌하고 신랄하게 그리고 박진감 넘치는 빠른 템포의 문체로 이야기를 이끌어 나가는 전형적인 볼테르만의 풍자 소설이다.

융합과 통합의 천재 볼테르

나는 현재를 즐긴다.

나는 자유의 한가운데에서 평화롭게 내 삶을 마치리라.

나는 언제나 자유를 숭배했고, 삶에 충실하지 못했다.

나는 나의 실수를 바로 잡았다.

나는 내가 내 삶을 위해 사는 날에만 진정한 행복을 알 뿐이었다.

볼테르가 남긴 말이다. 그는 누구나 다 알고 있듯이 18세기 인물이다. 그리고 그는 프랑스 계몽주의 사상가이다. 이 책은 그의 대표작이라고 할 수 있다. 볼테르가 이렇게 심오하면서도 위대한 작품을 남길 수 있었던 이유는 무엇일까?

그의 남다른 경험과 삶이 고스란히 좋은 공부가 되어 주었기 때문이라고 필자는 생각한다.

평범한 사람이라면 겪지 않을 감옥에 2번이나 투옥되었고, 심지어 그는 영국에서 3년 정도 망명 생활을 하기도 한다. 그의 인생을 한마디로 정의하자면, '저항과 자유'이다.

그는 평생 무엇인가에 대한 저항으로 점철된 인생을 살았다. 그래서 니체는 그를 '가장 위대한 정신의 해방자'라고 자신의 책《인간적인 너무나도 인간적인》(1878) 권두에 표현했을지도 모른다.

섭정에 대한 풍자시를 발표한 것 때문에 바스티유 감옥에서 11개월 동안 감금당해야 했던 볼테르는 비로소 저항 정신을 배우게 되고, 자신이 문학에 재능이 있음을 깨닫게 된다.

11개월 동안의 짧은 감옥 생활은 그의 인생을 바꾸어 놓은 계기가 된다. 그가 감옥에서 나오자마자 서사시와 비극 작품을 계속 발표하여 순식간에 대문호로 도약하고 인정받게 되기 때문이다. 하지만 어디든지 기득권자가 있기 마련이다. 볼테르의 기고만장함과 승승장구가 눈에 가시처럼 여겨졌던 귀족의 하인들에 의해 구타당하는 사건이 발생하고, 볼테르는 모욕을 씻기 위해 결투를 신청한다. 그러나 결투는 받아들여지지 않았고 오히려 교만하다는 이유로 다시 바스티유 감옥에 감금당하는 수모를 겪는다. 결국 영국으로 망명하겠다는 조건으로 감옥에서 풀려나 영국으로 가게 된다.

영국에서의 망명 생활을 통해 볼테르는 철학이 더 깊어졌고, 넓어졌다. 그래서 영국의 사상과 프랑스의 사상이 융합되고 잘 조화되어 이 책이 탄생한 것인지도 모른다. 적어도 필자는 그렇게 생각한다.

볼테르가 바스티유 감옥에 두 번이나 갇히지 않았다면, 그로 인해 영국에 망명하지 않았다면, 그래서 영국의 사상과 영국인들의 의식을 경험하지 않았다면 지금 우리가 알고 있는 볼테르는 반쪽짜리일지도 모른다.

볼테르는 특히 셰익스피어의 연극을 접한 후 깊은 인상을 받았다. 셰익스피어의 연극에서 가장 깊은 인상을 받은 것은 이야기의 극적인 힘이었다. 볼테르는 재치와 풍자와 같은 프랑스 특유의 정서를 가지고 있었고, 여기에 영국 문학의 특징 중에 하나인 스토리의 극적인 힘을 겸비하게 되었다. 그 결과 이 책이 탄생할 수 있게 되었던 것이다.

프랑스 사람들의 정서에 토대를 둔 철학과 영국의 실용주의 철학, 비관주의와 낙관주의 등이 잘 융합되어 이 세상을 하나의 측면이 아닌 다양한 측면에서 바라볼 수 있는 힘을 기를 수 있게 해 주는 위대한 책을 볼테르가 쓸 수 있었던 것은 바로 이런 이유 때문이다. 유럽을 대변하는 가장 특징이 많은 프랑스와 영국이 정신적으로 가장 효과적으로 교류하고 통합하여 하나가 된 결과물이 바로 볼테르인 것이다.

시대를 앞서 살았던 계몽주의적 혁명가

"나는 나 자신의 자유를 열렬히 사랑하면서도 운명의 장난으로 인해 이 국왕 밑에서 저 국왕 밑으로 떠도는 신세가 되었다."

볼테르는《회상록》에서 자신의 체험을 이렇게 말하기도 했다. 그의 말처럼 그는 자유를 열렬히 사랑한 혁신가였다. 하지만 운명의 장난으로 인해 그의 삶이 순탄하지만은 않았다. 그의 삶은 계몽주의 시대를 온몸과 행동으로 보여준 삶이었다. 18세기 유럽인들을 점령하고 있던 전제정치와 종교적 맹신에 그는 끝까지 저항했다.

그에게 있어서 영국 망명은 엄청난 행운이었다. 영국 망명을 통해 그가 알게 된 것이 바로 창작에 대한 자유 정신이었기 때문이다. 바로 이러한 자유 정신으로 인해 영국이 프랑스보다 훨씬 더 진보해 있었음을 발견하고 충격을 받기도 한다. 이러한 영국 망명의 경험을 통해 볼테르는 누구보다 더 앞선 작가와 철학가로 다시 태어나게 되었다고 필자는 생각한다.

볼테르는 어릴 때부터 반항적이고 성질 급하고 타협할 줄 모르는 그런 아이였다. 볼테르의 본디 이름은 '프랑수아 마리 아루에'이다. 한마디로 그는 천재에 가까운 아이였다. 법률가가 되기를 바라는 아버지의 뜻을 거역하고 문학에만 전념한 것은 인류 문학의 측면에서 매우 잘된 일이라고 밖에는 말할 수 없을 것 같다.

그는 존 로크의 철학 서적을 읽기 위해 영어를 배우기까지 했다. 그리고 그는 롤러코스터와 같은 인생을 경험하면서 더욱더 성장해 나갔다.

전제정치와 불평등에 대해 그가 겪은 첫 경험은 프랑스 명문 귀족 출신인 슈발리에 드 로앙과 말다툼을 벌인 후, 로앙의 사람들한테 구타를 당하게 되자 분노하여 결투를 신청한 것이다. 이 결투 신청으로 인해 볼테르는 다시 바스티유 감옥에 갇히는 신세가 되고, 이로 인해 볼테르는 영국 망명을 조건으로 풀려나게 된다. 3년 동안의 망명 생활 동안 그는 문필가와 철학자들을 만나고, 영어 공부를 계속하여 영국의 문학과 정신을 배우고 경험하게 된다.

볼테르가 영국 망명을 통해 획득한 가장 큰 수확은 인간적인 자유이다. 그는 생각했다. 상인과 선원의 나라에 불과했던 영국이 프랑스 루이 14세를 이긴 것은 경제적인 우월 덕분이었고, 그것은 바로 자유 정신이 더 앞섰기 때문이라고 말이다.

볼테르는 짧은 영국 망명 기간 동안 마치 동양인 학생이 서양의 문물을 배우듯 미국의 명문대학교를 다니고 온 것처럼 많은 것을 배우고, 경험하고 생각하고 돌아왔다. 그가 프랑스에 다시 돌아왔을 때, 그의 행동을 보면 이런 사실을 누구보다 잘 알 수 있다.

그는 프랑스에 돌아와서 프랑스인들에게 영국을 본받아야 한다는 사실을 강조했다. 문학적인 측면에서는 셰익스피어를 본받아 비극을 프랑스에 되살리려 시도했고, 새로운 문학 장르에 도전하기도 한다. 하지만 볼테르는 종교적 맹신에 저항하고 진보와 자유의 이상을 고취하기 위해 평생을 저항하고 행동한 행동가였고, 혁신가였다. 볼테르는 종교적 관용의 확립, 고문과 처형의 폐지, 인권 존중, 물질적 번영과 성장 등의 주제에 대해 행동으로 보여주었다.

툴루즈의 상인인 신교도 장 칼라스가 로마 가톨릭으로 개종하려는 아들을 죽였다는 혐의로 고발당해 결국 능지처참을 당한 사건이 일어났다. 이 사실을 접하고 분노한 볼테르는 종교적 무자비함의 희생자를 지키기 위해 칼라스의 무고함을 주장했다. 볼테르의 행동 덕분에 칼라스는 명예를 회복하고, 가족은 피해보상을 받을 수 있게 되었다. 물론 그가 행동으로 보여준 일들은 이것뿐만이 아니었고, 성공만 한 것도 물론 아니었다. 하지만 그는 포기하지 않았고, 평생을 행동가로, 혁명가로 살았던 것은 분명한 사실이다. 바로 이런 이유로 그는 항상 강렬한 반응을 불러일으켰다. 말년에는 루소 추종자들에게 공격을 받았고, 그의 방대한 저술들은 당대뿐만 아니라 바로 후세의 비평가들과 문학인들에 의해 외면당하고 거센 비판을 받아야 했다.

그의 서사시와 서정시는 사장되었고, 그의 희곡도 그렇다. 하지만 그의 '콩트'는 살아났고, 그가 남긴 수많은 편지는 프랑스 문학의 가장 위대한 기념비로 간주되었다.

볼테르는 그때 그 시대에 꼭 필요한 철학자이자 혁명가였다. 인류에게 값진 교훈을 남겼고, 그것을 온몸으로 실천함으로써 본보기가 되어주었다.

소심하고 나약한 자들을 위한 소설

"나는 어떤 것이 더 불행한 삶인지 알고 싶어요. 검둥이 해적들한테 100번이나 겁탈당하는 것, 엉덩이 한쪽을 잘리는 것, 불가리아인들에게 몽둥이 찜질을 당하는 것, 종교 화형식에서 죽도록 매를 맞은 다음 교수형을 당하는 것, 교수형을 당한 후 다시 해부를 당하는 것, 그리고 갤리선에서 노를 젓는 것, 요컨대 우리 모두가 지금까지 겪은 이 모든 불행들, 아니면 아무 할 일 없이 이곳에서 지내는 일들 중 어떤 것이 가장 나쁜 것인가요?'

볼테르《캉디드 혹은 낙관주의》, (열린책들, 2009), 200쪽

이 책에 나오는 노파가 캉디드에게 던진 질문이다. 당신은 어떻게 생각하는가? 어떤 것이 가장 나쁜 것인가?

세상을 살다 보면, 하루에도 이리 치이고 저리 치이면서 힘들고, 어렵고, 황당하고, 기겁하고, 좌절하고, 분노하고, 어이가 없고, 기가 막히고, 숨이 막히는 일들이 수백 번 도 더 생길 수 있다. 그때마다 당신은 어떻게 받아들이고, 어떻게 행동하는가?

필자는 이 책을 읽고 나서 비로소 '소심했던 나'에서 '대범한 나'로 완벽하게 전환할 수 있었다. 이 책을 읽으면서 자주 느꼈던 생각들은 '이런 사람들도 있구나, 이렇게까지 험하고 모진 일을 겪는 사람들도 있구나, 세상은 정말 넓구나' 하는 것들이었다. 즉, 사고와 경험의 폭을 한 순간에 퀀텀 점프시켜 주는 책이었다. 최소한 필자에게는 그렇다.

순하고 순박한 소년 캉디드는 독일 베스트팔렌 지방, 툰더 텐 트롱크 남작의 성에 살고 있었다. 남작에게는 몸무게가 175kg이나 나가는 부인과 아름다운 딸 퀴네공드와 아버지를 꼭 빼닮은 아들이 있었다. 그리고 이 성에는 가정교사 팡글로스가 있었다. 팡글로스는 그 당시 일반화되

었던 학문인 형이상학적 신학적 우주론을 아이들에게 가르쳤다. 즉, 원인 없는 결과란 절대로 없다는 것이다.

모든 사물은 하나의 목적을 위해 만들어진 만큼 그 모두는 필연적으로 최선의 목적을 위해 존재하는 것이기 때문에 현재의 상태와 다르게 존재할 수 없다고 그는 주장한다. 즉, 모든 것은 최선으로 되어 있다는 것이 그의 지론이었다.

우연히 퀴네공드와 입맞춤을 하게 되고, 이것이 발각이 되어서 성에서 쫓겨난 캉디드는 불가리아 군대에 들어갔지만, 다시 네덜란드로 탈주하여 거기서 팡글로스를 다시 만나게 된다. 그런데 그 팡글로스는 예전과 전혀 다른 거지 신세가 되어 있었고, 더 충격적인 사실은 퀴네공드가 죽었다는 것이었다.

"아닐세, 그녀는 불가리아 군인들에게 능욕을 당할 대로 당하고는 배가 갈려 죽었네. 병사들은 그녀를 보호하려는 남작의 머리통을 부숴버렸고, 남작 부인도 난도질을 당했지. 내가 가르쳤던 가엾은 남작 아들도 그의 누이와 똑같이 당했다네. 그 성에는 주춧돌 하나, 헛간 하나, 양 한 마리, 오리 한 마리, 나무 한 그루도 남지 않았다네."

볼테르《캉디드 혹은 낙관주의》, (열린책들, 2009), 21쪽

이러한 충격적인 이야기를 듣고 순진하고 순박한 캉디드가 기절하지

않을 수 있었을까? 여전히 낙천적인 팡글로스와 캉디드는 함께 리스본으로 간다. 그 와중에 배가 난파하여 널빤지를 타고 바닷가에 간신히 도착할 수 있었다.

"이날이 바로 이 세상 마지막 날이군요!"

볼테르《캉디드 혹은 낙관주의》, (열린책들, 2009), 28쪽

리스본에 발을 들여놓은 캉디드가 남녀노소 3만 명이나 되는 주민들이 무너지고 뒤틀린 집들과 건물의 잔해 속에 파묻혀 버린 충격적인 광경을 보고 외친 말이다. 과연 이런 현실에서도 팡글로스는 여전히 모든 일이 최선의 상태라고 말할 수 있었을까? 놀랍게도 팡글로스는 그렇다고 주장한다. 그것도 한결같이 말이다. 심지어 그는 인간의 타락과 저주도 필연적으로 이 세상에서 최선의 한 부분이라고 생각했다.

지진이 리스본의 4분의 3을 파괴하고 나서야 이 지방의 현자들은 도시의 완전한 파멸을 막기 위해 멋진 종교 화형식을 하고자 했고, 이 화형식을 위해 팡글로스와 그의 제자 캉디드는 체포된다.

과연 이 다음의 이야기는 어떻게 전개되는 것일까? 계속 이어서 간단한 줄거리를 살펴보겠지만 이 책은 나약하고 소심한 자들에게 꼭 추천해 주고 싶은 책이다. 이 책을 통해 강인하고 대범한 마음을 얻게 될 수 있다. 물론 전부 다는 아니지만, 사람에 따라서 그것이 가능한 사람이 있

을 것이다.

21세기 현대인들이 꼭 읽어야 할 힐링 책

도시 전체가 완전하게 파멸되는 것을 막기 위해 행해진 화형식 날!

비스케 사람을 싫어하고 닭고기 지방질을 먹길 꺼리는 두 남자는 화형을 당했으며, 팡글로스는 교수형을 선고 받았고, 캉디드는 성가의 박자에 맞춰 볼기를 맞았다. 그런데 그날 굉음을 내며 또다시 지진이 일어났던 것이다. 캉디드는 놀라고 말문이 막혔다.

"이것이 이 세상에서 최선이라면 다른 세상은 도대체 어떤 세상일까? 내가 볼기를 맞은 거야 불가리아 군대에서도 당했던 일이라고 해두자. 하지만 내 소중한 스승 팡글로스 당신은! 가장 위대한 철학자인 당신은 왜, 이유도 없이 교수형을 당해야 한단 말인가요? 오, 내 사랑하는 재침례교도 당신은! 이 세상에서 가장 착한 당신은 왜 항구에서 익사해야 했단 말입니까! 오, 퀴네공드 양! 처녀 중의 진주인 그대는 어찌하여 배가 갈려 죽어야 했던가!"

볼테르《캉디드 혹은 낙관주의》, (열린책들, 2009), 34쪽

죽었다고만 생각했던 퀴네공드가 다시 캉디드 앞에 나타났다. 퀴네공드는 우여곡절 끝에 화형식을 보고 있었고, 함께 있던 노파가 캉디드를 퀴네공드가 머물고 있는 집으로 데리고 왔던 것이다. 하지만 어처구니없이 두 사람을 칼로 찔러 죽이게 되고, 캉디드는 노파와 퀴네공드와 함께 말을 타고 달아났다.

> "아아! 할머니, 두 명의 불가리아 병사에게 겁탈을 당하고, 칼로 배를 두 번 찔리고, 성 두 채가 무너지고 눈앞에서 어머니 두 분과 아버지 두 분이 목 잘려 돌아가시고, 종교 화형식에서 연인 두 사람이 매 맞는 꼴을 당신이 보지 않은 이상, 당신이 나보다 더 불행했다고는 볼 수 없어요. 그뿐인 줄 알아요. 나는 72대를 귀족으로 이어온 가문에서 남작의 딸로 태어났는데도 부엌데기 노릇까지 해야 했다고요."
>
> 볼테르《캉디드 혹은 낙관주의》, (열린책들, 2009), 52쪽

이렇게 자신이 가장 불행한 여성이라고 강조하자 노파는 의외의 대답을 하고, 자신의 이야기를 한참 동안 말한다.

> "아가씨, 아가씨는 아직 내 출생 신분을 모르지. 그리고 내 엉덩이를 보여주면 아가씨는 그런 말을 할 수 없을 거요. 아가씨는 판단을 유보하게 될 거야."

그러면서 노파는 자신의 기막힌 사연을 풀어놓기 시작한다. 그 사연은 독자들이 직접 읽어보는 것이 훨씬 더 감동적이고 인상적일 것 같다.

한 가지만 이야기하자면, 노파의 신분은 교황의 딸이며, 공주라는 것과 상상도 못할 일들을 수십 번 겪고, 심지어는 굶주린 군인들이 엉덩이 한쪽 부분을 잘라 먹었다는 사실이다.

이 책에 나오는 다양한 인물들의 엄청난 삶을 들여다보고 경험하게 된다면, 우리 모두는 정말 대범해지고 말 것이다. 그냥 눈으로 읽지 말고, 가슴으로, 온몸으로 이 책 속에 들어가서 수많은 인물들의 삶, 그 자체가 되어 보라. 그렇게 된다면 지금 당신의 삶의 무게, 삶의 불행, 삶의 고통은 매우 작고 작은 것에 불과하다는 것을 쉽게 깨닫게 될 것이다.

지금 이 시대에 어떤 여자가 수십 번 능욕을 당하고, 엉덩이 한쪽이 잘려서 먹이가 되고, 온 집안이 죽임을 당하고, 배가 갈리고, 가문이 눈앞에서 사라지는 현실을 맞이할 수 있을까? 그럼에도 불구하고 어떻게 해서 이 책의 인물들은 다시 살아나고, 다시 새로운 삶을 추구하고, 마치 아무 일도 없었던 것처럼 눈앞의 일을 해 나갈 수 있을까?

단 한 가지 이유는 볼테르가 독자들에게 말하고자 했던 것이 아닐까? 그 답은 이 책의 마지막 부분에 담겨 있다.

비관주의자와 낙관주의자가 모두 읽어야 할 책

이 책을 좀 더 깊게 이해하기 위해서는 볼테르가 살았던 시대에 유행했던 철학의 주류를 알아야 한다. 그 당시 가장 유명한 철학자 중에 한 명은 바로 라이프니츠였을 것이다. 라이프니츠는 한 마디로 낙천주의자였다.

그가 1710년에 출간한《변신론》이란 책에 보면, 이 세계는 있을 수 있는 한 가장 선한 것이라고 말한다. 이것은 바로 팡글로스의 주장과 일치한다. 하지만 볼테르는 처음부터 끝까지 이 책의 사건을 통해 그것이 아닐 수 있다고 정면으로 반박한다.

캉디드는 낙천주의를 증명해 보이기 위해 존재하는 것처럼 보이지만, 결국에는 근거 없는 낙천주의는 무의미하다고 결론을 내는 듯하다. 그러한 탁상공론보다는 오히려 자신의 밭을 갈고, 자신의 일을 해 나가는 것이 훨씬 더 이 세상과 당신의 미래를 낙천적으로 만들 수 있는 길임을 암시하며 이 책은 종결된다.

아주 많은 일들과 사건들을 담고 있는 이 책의 마지막 부분을 보면, 모두 함께 어느 조그마한 소작지에 정착하면서 이야기가 마무리된다. 그들은 모두 사색을 하면서 살아가려고 하지만 따분함을 느끼게 된다.

이게 말이 되는가? 그렇게 엄청난 일들을 겪은 이들이 일상을 통해 따분함을 느끼게 된다는 것이 말이다. 하지만 사실이다. 따분함을 느낀 그들은 터키 노인의 말을 통해 삶을 살아나갈 지혜를 얻게 된다. 그 터키 노인이 한 말은 이것이었다.

"우리 땅은 20에이커밖에 되지 않네. 나는 이 땅을 아이들과 함께 경작하고 있지. 일은 우리를 커다란 세 가지 악, 요컨대 권태, 방탕, 가난에서 벗어나게 하는 걸세."

볼테르《캉디드 혹은 낙관주의》, (열린책들, 2009), 205쪽

이 책은 비관주의를 옹호하지도 않고, 낙관주의를 옹호하지도 않는다. 다만 이 책은 인간은 그냥 쉬려고 존재하는 것이 아니라, 자신의 밭을 가꾸어야 하도록 존재한다고 말한다. 그렇기 때문에 그 어떤 추론도 무의미하고 불필요하다는 것이다. 일을 하는 것만이 삶을 견딜만하게 만드는 유일한 방법인 것 같다고 마르탱은 말한다.

이 책의 마지막 부분에서 팡글로스와 캉디드의 대화는 우리가 앞으로 어떻게 살아가야 좋은 삶을 살아낼 수 있는지에 대한 힌트를 제공한다.

팡글로스는 가끔 캉디드에게 이렇게 말하곤 했다.

"모든 사건들은 있을 수 있는 세계 중 최선의 세계에서는 서로 연계되어 있는 것일세. 자네가 퀴네공드 양과의 사랑으로 인해 그 아름다운 성에서

엉덩이를 발로 차여 내쫓기지 않았더라면, 종교재판에 처해지지 않았더라면, 남작을 칼로 찌르지 않았더라면 그리고 엘도라도에서 가져온 양들을 모두 잃어버리지 않았더라면, 자네는 이곳에서 설탕에 절인 레몬과 피스타치오 열매를 먹지 못했을 테니까."

캉디드가 이렇게 대답했다.

"참으로 명언이긴 하지만 이제는 우리의 밭을 가꾸어야 합니다."

볼테르《캉디드 혹은 낙관주의》, (열린책들, 2009), 206~207쪽

당신이 비관주의자든, 낙천주의자든 상관이 없을 것이다. 자신의 밭을 스스로 가꾸어 나간다면 말이다. 지혜의 왕 솔로몬이 쓴 책에도 이와 비슷한 말이 나온다.

'그러므로 내 소견에는 사람이 자기 일에 즐거워하는 것보다 나은 것이 없나니 이는 그의 분복이라.'

'사람마다 먹고 마시는 것과 수고함으로 낙을 누리는 것이 하나님의 선물인 줄을 또한 알았도다.'

이 책은 라이프니츠의 틀에 박힌 듯한 낙천주의를 풍자하는 풍자 소설이다. 우리가 추구해야 하는 삶은 모든 것이 선한 것이라는 근거 없는 낙천주의를 맹신하는 삶이 아니라, 자신의 밭을 스스로 가꾸어 나가면

서 그 과정에서 기쁨과 즐거움을 누리며, 권태와 가난을 벗어나 풍요로운 미래를 만들어 나가는 삶이어야 한다.

자신의 일에 즐거워하는 사람은 방탕과 나태에 빠지지 않는다. 하지만 근거 없는 낙천주의를 맹신하는 사람들은 쉽게 방탕과 나태에 빠진다. 그러므로 이 책은 세상을 긍정하되, 스스로 그러한 밝은 미래를 만들어 나가고 개척해 나가야 한다는 이치를 담고 있는 책인 것이다.

월든&시민의 불복종

19세기에 쓰인 가장 중요한 책

대부분의 사람이 조용한 절망의 삶을 꾸려간다.
체념은 곧 절망으로 굳어진다.
우리는 절망의 도시에서 절망의 시골로 들어가
밍크와 사향쥐의 용기에서나 마음의 위안을 얻는 수밖에 없다.
진부하지만 무의식적인 절망이 인류의 오락거리와 유흥거리에도 감춰져 있다.
이런 기분풀이는 일한 후에나 가능하기 때문에 놀이하는 맛이 없다.
그러나 자포자기한 짓을 하지 않는 것이 지혜의 한 특징이다.
_《월든》 중에서

나는 누구에게 강요받기 위하여 이 세상에 태어난 것은 아니다.
나는 내 방식대로 숨을 쉬고 내 방식대로 살아갈 것이다.
누가 더 강한지는 두고 보도록 하자.
_《시민의 불복종》 중에서

하루를 자연처럼 살아보자. 우리가 시대의 흐름에 굴복하고,
거기에 휩쓸려 살아가야 할 이유가 어디에 있는가?

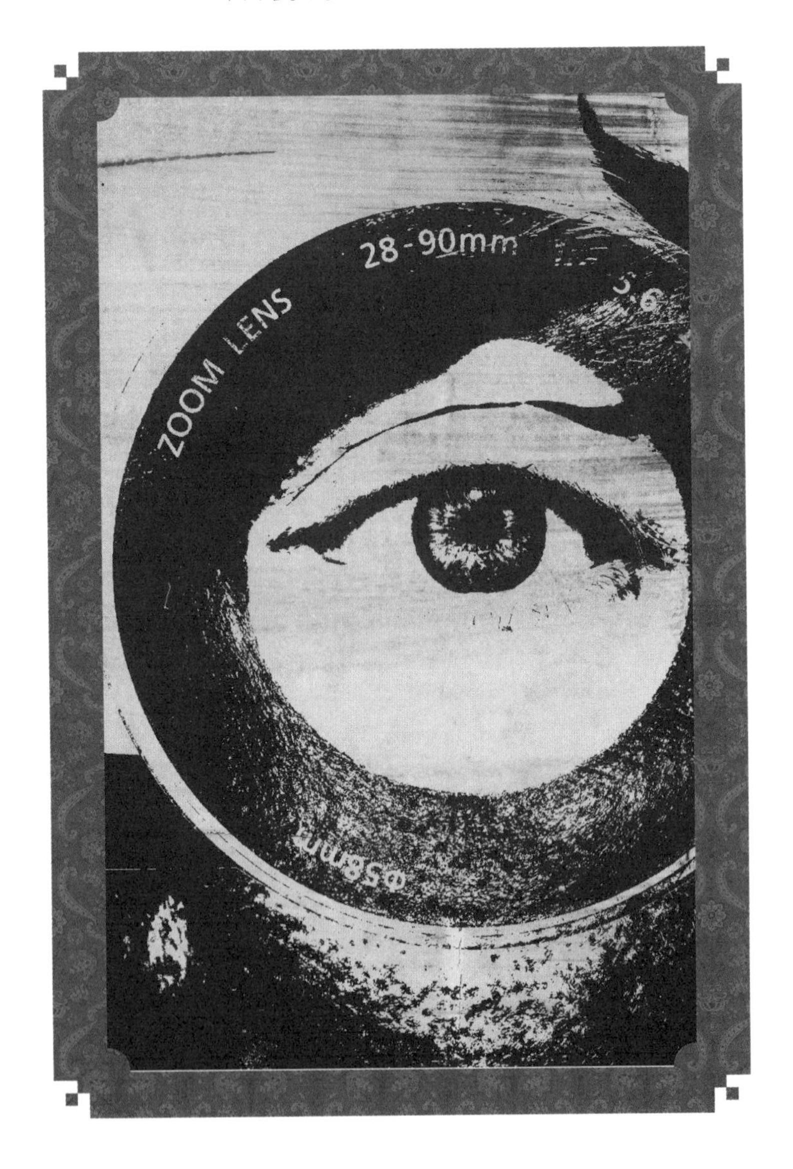

古典
不敗

19세기에 쓰인 가장 위대한 책에 대해서

왜 우리는 지금 이렇게 이런 방식으로 살아가고 있는 것일까? 이러한 질문에 대해서 헨리 데이비드 소로우는 이 단 한 권의 책을 통해 명쾌하게 서술하고 있다. 그래서 이 단 한 권의 책을 통해 그는 불후의 명성을 얻게 되었다고 해도 과언이 아니다. 실제로 이 책에 대해 유명 인사들의 찬사가 끊이지 않고 있기 때문이다. 미국의 시인 로버트 프로스트는 필자와 비슷한 말을 한 적이 있다.

"《월든》이라는 단 한 권의 책으로 소로우는 불후의 명성을 얻었다."

이 책을 읽고 큰 감명을 받은 사람 중에 한 명이 인도의 성자로 불리는 마하트마 간디이다.

"나는 큰 즐거움을 가지고 《월든》을 읽었으며 그로부터 깊은 감명을 받았다."

이 책은 19세기에 쓰인 가장 위대한 책이다. 많은 사람들이 이 책의 철학적 의미와 숭고한 정신과 실험 정신에 찬사를 보냈지만, 필자는 이런 점들보다 오히려 소로우의 삶과 인간에 대한 깊은 통찰력에 찬사를 보내고 싶었다.

필자는 큰 충격을 가지고 이 책을 읽었다. 그리고 이 책을 통해 세상을 한 단계 깊게 내다보고 인간을 좀 더 잘 이해할 수 있게 되었다. 소로우의 깊은 통찰력 때문이었다.

이 책에서 가장 좋은 부분들을 선택해서 전해 줄 것이다. 그중에서도 가장 의미심장하고 좋은 부분은 이것이다.

"왜 우리는 성공하려고 그처럼 필사적으로 서두르며, 그처럼 무모하게 일을 추진하는 것일까? 어떤 사람이 자기의 또래들과 보조를 맞추지 않는다면, 그것은 아마 그가 그들과는 다른 고수鼓手의 북소리를 듣고 있기 때문일 것이다. 그 사람으로 하여금 자신이 듣는 음악에 맞추어 걸어가도록 내버려두라. 그 북소리의 박자가 어떻든, 또 그 소리가 얼마나 먼 곳에서 들리든 말이다. 그가 꼭 사과나무나 떡갈나무와 같은 속도로 성숙해야 한다는 법칙은 없다. 그가 남과 보조를 맞추기 위해 자신의 봄을 여름으로 바꾸어야 한단 말인가?"

그렇다. 우리는 타인과 보조를 맞추어야 할 의무나 법칙 같은 것이 없다. 그럼에도 많은 사람들이 타인과 보조를 맞추기 위해 자신에게 있는 멋진 봄을 타인의 여름이나 가을로 바꾸기 위해 스스로 포기해 버리고, 이것도 저것도 아닌 어정쩡한 그런 순간을 맞이하게 되는 것이다. 게다가 가장 큰 문제는 타인의 삶에 대한 동경이다. 자신의 삶보다 타인의 삶이 훨씬 더 나은 삶이고 더 행복한 삶이라고 착각하는 순간, 인생은 고생이 시작된다. 그런 점에서 인간은 착각 때문에 고생을 하는 것이라고 말한 소로우의 말은 진실이다.

세계의 역사를 바꾼 책 《시민의 불복종》

인간의 피를 끓게 만드는 그런 책을 읽어 본 적이 있는가? 없다면 이 책을 읽어보라. 이 책이 바로 그런 책이기 때문이다.

"우리는 먼저 인간이어야 하고, 그다음에 국민이어야 한다고 나는 생각한다. 법에 대한 존경심보다는 먼저 정의에 대한 존경심을 기르는 것이 바람직하다."

"나는 누구에게 강요받기 위하여 이 세상에 태어난 것은 아니다. 나는 내 방식대로 숨을 쉬고 내 방식대로 살아갈 것이다. 누가 더 강한지는 두고 보도록 하자."

"나는 '가장 좋은 정부는 가장 적게 다스리는 정부'라는 표어를 진심으로 받아들이며 그것이 하루빨리 조직적으로 실현되기를 바라 마지않는다."

이러한 명문장들로 가득 찬 이 책이 처음부터 세계의 역사를 바꾼 책으로 평가받은 것은 아니다. 처음에는 독자들의 무관심 속에서 시쳇말로 방치되었고 외면당했다. 그러다가 러시아의 문호 톨스토이의 눈에 띄었던 것이다. 하지만 이 책은 인도 독립 운동을 하고 있던 간디를 통해 비로소 세계 역사에 큰 영향을 끼치는 책으로 운명이 완전히 바뀌게 되었다.

"나는 소로우에게서 한 분의 스승을 발견했으며, 《시민의 불복종》으로부터 내가 추진하는 운동의 이름을 땄다."

간디는 이런 말까지 할 정도로 이 책을 높게 평가했다. 간디를 시작으로 영국의 노동가들, 나치 점령하의 레지스탕스 대원들 그리고 심지어 마틴 루터 킹, 수많은 인권운동가들에게 계속해서 이 책은 큰 영향력을 끼쳤다. 이 책은 한마디로 용기와 격려의 책이다. 특히 불의를 일삼는 골리앗과 같은 거대한 조직이나 집단과 싸우는 작은 소수 즉, 다윗과 같은 이들을 위한 책이다.

소로우는 이 책을 통해 강요받는 삶을 거부하고, 자신의 방식대로 숨을 쉬고, 자신의 방식대로 살아갈 것을 천명했다. 그렇게 살아가려고 할 때 가장 큰 방해물은 바로 정부다. 그래서 소로우는 정부에 대해 강하게 비판한다. 정부는 하나의 편법에 지나지 않는 존재라고 책의 첫 도입부에 주장하기도 한다.

특히 미국 정부는 역사가 짧은 하나의 전통 이외에 아무것도 아니라고 말한다. 그 전통을 손상시키지 않고 후대에 넘겨주려 하지만 매 순간마다 그 순수성을 조금씩 잃어가는 하나의 가엾은 전통에 불과하다는 것이다.

19세기에 태어나
21세기의 의식을 가진 사람

"나는 강하고 용감한 사람들에게 어떤 법칙들을 가르쳐줄 생각으로 이렇게 말하는 것이 아니다. 그런 사람들은 천국에서든 지옥에서든 자신에게 맡겨진 일들을 척척 챙길 것이고, 최고의 부자들보다 호화로운 집을 짓고 아낌없이 돈을 써도 결코 가난해지지 않을 것이다."

헨리 데이비드 소로우 《월든》, (은행나무, 1993), 26쪽 소로우는 한마디로 19세기에 태어났음에도 21세기를 살아가는 사람들의 의식을 가진 앞선 사람이라고 필자는 생각한다. 그의 의식이 그 시대의 사람들보다 몇 단계는 더 진보했기 때문이다. 그는 그 당시에 이미 현대식 주택을 대다수의 사람들이 소유하거나 임대하게 될 것을 가정하여, 문명이 현대인들을 무조건 참다운 문명인으로 만들어주지는 못할 것이며, 그렇기 때문에 문명인이라고 해서 미개인보다 더 나은 집에서 살아야 할 이유는 없다고 말했다.

지금 이 시대에 가장 큰 문제 중에 하나인 빈익빈 부익부貧益貧 富益富 현상 즉, 가진 자와 못 가진 자의 격차가 갈수록 벌어지는 것에 대해 정확히 내다보았다. 바로 그런 점에서 소로우가 쓴 책이 오히려 자본주의 사회가 팽배해져 있는 현대인들에게 많은 사랑을 받는 것이다.

소로우 자신은 말한다. 인생을 진정 자기 의도대로 살아보기 위해서 월든 숲으로 향했다고 말이다. 그렇게 해서 인생의 본질적인 측면만을 살펴보려고 했던 것이다.

간소한 삶을 추구하면서 풍요로운 삶을 초월한 소로우의 삶은 자본주의 사회를 한 차원 더 높게 뛰어넘은 것이라고 필자는 생각한다.

소로우는 직접 심한 노동을 하지 않고 너무 부와 성공에 집착하지 않는 삶을 살았고, 온몸으로 그것을 보여 준 인물이다.

우리는 왜 이렇게도 악착같이 살아야 하는 것일까? 단 한 번뿐인 인생인데 말이다. 좀 더 많이 누리고 기뻐하고 즐거워하기 위해서 지금보다 훨씬 더 많은 성공을 할 필요는 없다. 그리고 훨씬 더 많은 부가 있어야 하는 것도 아니다. 그저 바쁜 마음을 버리면 된다. 그저 욕심을 내려놓으면 된다.

소로우가 앞선 의식을 가진 사람이었음을 보여주는 증거 중에 하나는 그가 남긴 이 책이 생태학과 환경사의 방법론을 제시한 저작으로써, 20세기 환경 운동의 원천으로 재해석되기 때문이다.

그의 주장대로, 우리는 사소한 일로 너무 많이 삶을 낭비하는 듯하다. 간소한 삶, 심플한 삶을 산다면 어제보다는 훨씬 더 행복한 삶을 살아낼 수 있을 것 같다.

2년 2개월이 만들어 놓은 걸작《월든》

"만약 이 나라의 대학들이 현명하다면 졸업하는 학생 한 사람 한 사람에게 졸업장과 더불어, 아니 졸업장 대신《월든》을 한 권씩 주어 내보낼 것이다."

미국의 작가 E.B 화이트의 이 말은 이 책이 얼마나 수준 높고 훌륭한 걸작인지를 잘 말해 준다.

어떤 작가가 대학 졸업생들에게 졸업장 대신 특정 책 한 권을 주어 내보내야 한다고 감히 주장할 수 있을까?

필자는 만 권 이상의 책을 3년 동안 지독하게 독파한 적이 있다. 그 책들 중에서 단 한 권을 선택하라고 한다면 단연 이 책이다. 하지만 이 사실을 이 책을 통해 비로소 처음으로 밝힌다.

보통 독서법 강의에 가면 수많은 사람들이 필자에게 던지는 돌직구와 같은 질문이 있다.

"작가님께서 읽으신 만 권의 책 중에서 최고의 책은 무엇입니까? 단 한 권을 추천해 주실 수 있다면 어떤 책을 추천해 주실 겁니까?"

필자는 이런 질문을 오랫동안 들었지만, 단 한 번도 제대로 본심을 드러내지 못했다. 책을 추천한다는 것은 큰 오류를 포함하고 있는 어리석은 행동 중에 하나이기 때문이다.

초등학생에게 좋은 책이 있고, 대학원생들에게 좋은 책이 있다. 아무리 책이 좋아도 초등학생들에게 대학원생들이 읽을 수 있는 책을 추천해 줄 수는 없는 노릇이기 때문이다.

글자를 읽을 수 있다는 것과 독서를 해낼 수 있는 능력이 있다는 것은 전혀 다른 문제이다. 이것은 뛸 수 있는 사람과 날 수 있는 사람의 차이보다 더 큰 문제이다. 그런데 많은 사람들이 이 두 가지를 동일한 것이라고 생각한다. 그래서 가장 큰 문제인 것이다. 하지만 이 책은 이런 사실을 필자로 하여금 잊게 만들었다. 이 책은 정말 최고 중에 최고의 책이다.

이 책의 첫 대목을 보면, 먼저 이 책의 작가인 소로우가 이 책을 쓸 때 자신이 어떤 장소와 어떤 집에서 어떻게 얼마 동안 어떤 생활을 했는지에 대해서 알 수 있다.

> "이 글을 쓸 때, 정확히 말해 이 글의 대부분을 쓸 때 나는 매사추세츠 주 콩코드에 있는 월든 호숫가 숲에 직접 지은 집에서 혼자 살고 있었다. 그곳은 가장 가까운 이웃과도 1마일 쯤 떨어진 곳이었고, 나는 오롯이 내 손으로 일하며 생계를 꾸려갔다. 나는 그곳에서 2년 2개월을 살았다. 그러나 지금은 다시 문명 생활의 일시적인 체류자가 되었다."

헨리 데이비드 소로우《월든》, (은행나무, 1993), 9쪽

이 책은 정말 심오한 철학적인 문제, 인간적인 문제, 사회적인 문제 등을 총망라해서 담고 있다. 그래서 데일 카네기가 이 책을 '불멸의 책'이라고 평가한 것인지도 모르겠다. 이 책을 조금만 읽어보면 이 책에 누구나 빠져들 수밖에 없을 것이다.

이 책이 이렇게 걸작이 된 이유는 소로우가 세상과 동떨어져서 참된 사색을 할 수 있는 참된 삶 즉, 자신이 직접 지은 집에서 자신이 직접 만든 양식으로 독립적이고 자유로운 삶을 2년 2개월 동안 살았기 때문이다.

소로우가 보기에 많은 사람들이 불행한 삶을 살아가는 이유는 스스로

많은 것들을 만들지 못하고 물려받았기 때문이라는 것이다. 오히려 인위적으로 만들어진 것들 속이 아닌 널찍한 초원에서 태어나 그런 곳에서 생활했다면 더 행복한 삶을 살아갈 수 있었을 것이라고 말한다.

《의식 혁명》이라는 책을 통해 인간의 의식에 대한 인식을 바꾸어 놓은 데이비드 호킨스는 의식이 높은 사람들 즉, 의식 수준을 측정하는 수치가 400~500대 이상인 사람들이 노벨상 수상자나 위대한 정치가 혹은 대법관 정도의 수준이며, 그들은 하나같이 성공을 하나의 책임 혹은 '노블레스 오블리제'로 바라본다고 주장했다.

의식 수준이 높은 사람들은 두드러지게 용기 있고, 모두에게 사려 깊으며, 만인을 동등한 개체로 대하기 때문에 절대로 오만하게 행동하려는 성향이 없다는 것이다. 그래서 그들은 모두 자신을 '남보다 낫다'가 아닌 '남보다 운이 좋다'고 간주한다. 그런데 이러한 의식 수준이 높은 사람의 의식을 필자는 이 책을 통해 제대로 느낄 수 있게 되었다. 즉, 헨리 데이비드 소로우의 의식이 상당히 높은 수준이었다는 것을 직감하게 되었고, 이 책을 통해 그러한 사실을 확신하게 되었다.

'삶이란 소중한 것이기에, 삶이 아닌 것은 살고 싶지 않았다. 깊이 있게 삶의 정수를 빨아들이고 싶었다. 낫을 크게 휘둘러서 풀을 바싹 베어 내어 삶을 구석으로 몰아가 가장 기본적인 조건으로 압축해 버린 다음, 삶이 천박한 것으로 판명된다면, 그 천박함을 전부 속속들이 알아내어 세상에 알리고 싶었다. 또는 반대로 삶이 숭고한 것이라면 경험을 통해 그것을 알아내어 다음 번 여정에서 그 참모습을 전할 수 있기를 바랐다.'

소로우의 이 고백처럼 삶은 소중한 것이며, 그렇기 때문에 삶이 아닌 것을 우리는 거부해야 하고, 삶의 정수만을 포용해야 한다.

《월든》 깊게 천천히 읽기

"인간은 착각 때문에 고생을 하는 것이다. 인간의 좋은 부분은 곧 흙속으로 들어가 퇴비가 된다. 흔히 필연이라 불리는 그럴싸한 운명에 의해, 옛날 책에서 말한 것처럼 인간은 결국 좀먹고 녹이 슬어서 망가지며, 도둑들이 몰래 들어와 훔쳐갈 재물을 모으느라 애를 쓴다. 삶이 끝나기 전은 아니더라도 삶을 끝마칠 때에 이르면 알겠지만 이런 삶은 어리석은 삶이다."

헨리 데이비드 소로우 《월든》, (은행나무, 1993), 12쪽

이 부분에서 필자는 깊은 인상을 받았다. 물론 계속해서 깊은 인상을 받았음을 부인하지 않겠다. 한 장 한 장 넘기면서 읽을 때마다 필자는 깊은 감명을 받았다. 하지만 이 부분은 정말 읽을수록 멋지고 심오한 문장

이라는 느낌이 든다.

우리가 고생을 하는 것, 불행하게 사는 것, 힘들게 하루하루 사는 것은 이 세상의 탓이 아니다. 즉, 우리의 잘못된 생각 때문이다. 똑같은 일을 하면서, 똑같은 환경에서, 똑같은 인생을 살아가는 사람들은 없지만, 비슷한 사람들은 많다. 그런데 어느 정도 이러한 것들이 비슷하다면 힘든 정도나 고생하는 정도가 비슷해야 한다. 하지만 실제로는 그렇지 않다. 그리고 그 차이가 너무나 크다. 그 이유가 바로 착각 즉, 잘못된 생각 때문인 것이다.

윌리엄 셰익스피어의 말처럼 '세상에 좋고 나쁜 것은 없다. 우리의 생각이 다만 그렇게 만드는 것'일 뿐이다. 그래서 헨리 데이비드 소로우는 '상대적으로 자유로운 이 나라에서도 대부분의 사람이 순전히 무지와 착각으로 인한 부질없는 근심에 사로잡히고 쓸데없이 거친 노동에 시달리며 삶에서 한층 달콤한 열매를 따지 못하고 있다'고 말했다.

그의 말에 전적으로 동감한다. 자급자족 시대를 스스로 창출해서 살아가고 있는 소로우의 입에서 어떻게 이런 말들이 나올 수 있는 것일까?

지금 우리는 농사를 한 번도 짓지 않았음에도 매일 밥을 먹을 수 있고, 한 번도 물고기를 잡아보지 않았음에도 물고기를 마음만 먹으면 먹을 수 있다. 좀 더 구체적으로 말하자면, 우리는 굶어죽을 확률이 매우 희박한 그런 풍요로운 시대에 살고 있다. 오히려 너무 과식해서 생기는 여러 가지 질병과 부작용으로 죽을 확률이 높은 그런 풍요의 시대에 살고 있다. 그럼에도 우리는 일하는 한낱 기계처럼 삶을 영위해 나가고 있다. 이런 사실에 경종을 우리는 소로우의 이 책은 걸작이라고 하지 않을 수 없다. 그는 현대인들의 우울한 삶을 미리 내다보았다. 그런 점에서 위대한 통찰력을 가진 작가라고 생각한다.

> "대부분의 사람이 조용한 절망의 삶을 꾸려간다. 체념은 곧 절망으로 굳어진다. 우리는 절망의 도시에서 절망의 시골로 들어가 밍크와 사향쥐의 용기에서나 마음의 위안을 얻는 수밖에 없다. 진부하지만 무의식적인 절망이 인류의 오락거리와 유흥거리에도 감춰져 있다. 이런 기분풀이는 일한 후에나 가능하기 때문에 놀이하는 맛이 없다. 그러나 자포자기한 짓을 하지 않는 것이 지혜의 한 특징이다."
>
> 헨리 데이비드 소로우 《월든》, (은행나무, 1993), 16쪽

소로우는 자포자기하지 않는 것이 지혜의 특징이라고 말한다. 그러면서 그는 시도조차 하지 않은 일이 너무나 많다는 사실을 독자들에게 일깨워준다. 소로우의 말 중에서 가장 유명해진 것이 '대부분의 사람이 조용한 절망의 삶을 꾸려간다'는 말이다.

인생의 초반에는 깨닫지 못했다. 하지만 인생이란 것을 경험할수록 우리 모두는 어쩔 수 없는 일들로 인해서 조용히 절망하는 태도와 의식을 배우게 되는 것 같다. 그래서 결국 노예가 그 어떤 자유로운 생활도

하지 못하는 것처럼, 우리는 그 어떤 진정한 의미의 도전과 시도를 평생 단 한 번도 하지 못한 채 살아가게 되는 것이다.

자신이 조용한 절망의 삶을 살아가고 있다고 느끼지 못하는 사람이 이러한 사실을 어느 정도 깨닫고 살아가는 사람들보다 더 심각한 문제가 있다. 모든 개선은 문제의 인식에서부터 시작되기 때문이다.

"하루를 자연처럼 살아보자. 우리가 시대의 흐름에 굴복하고, 거기에 휩쓸려 살아가야 할 이유가 어디에 있는가?"

헨리 데이비드 소로우《월든》, (은행나무, 1993), 132쪽

정말 좋은 말이다. 우리는 정말 자연처럼 살아야 한다. 그것이 기계처럼 살아가고 있는 현대인들에게 가장 좋은 삶의 힐링이 아닐까?

소로우는 독서에 대해서도, 자신의 고귀한 의견을 쏟아냈다. 그가 말하는 독서, 그리고 그가 말하는 고전은 명쾌하다.

"고전이 인류의 가장 고귀한 생각을 기록한 것이 아니라면 무엇이겠는가? 고전은 결코 썩지 않는 유일한 신탁이어서, 지금 이 시대의 의문에 대한 해답까지 담겨 있다."

헨리 데이비드 소로우《월든》, (은행나무, 1993), 139쪽

소로우는 인류의 가장 고귀한 생각을 기록한 것이 바로 고전이라고 규정했다. 그리고 그 고전은 결코 썩지 않을 뿐만 아니라 이 시대의 문제에 대한 해답까지 담겨 있을 것이라고 감히 말한다. 그리고 그는 올바른 독서는 참다운 책을 참다운 정신으로 읽는 것이라고 말하고, 운동선수들이 받는 훈련처럼 독자들도 훈련이 필요하고, 평생 동안 책을 읽겠다는 마음가짐을 가지고 유지하는 것이 중요하다고 말한다. 또 그는 물과 술에 대해서도 자신의 의견을 피력했다.

물은 지혜로운 사람의 유일한 음료라고 그는 생각했다. 포도주는 고상한 술이 아니라고 한다. 그리고 그는 커피나 차도 별로라고 생각한다. 그의 문장 표현이 정말 예술적이다.

> "나는 물이 지혜로운 사람의 유일한 음료라고 생각한다. 포도주도 그다지 고상한 술이 아니다. 아침의 희망을 한 잔의 따뜻한 커피로 날려버리고, 저녁의 희망에 한 접시의 차를 끼얹는다고 생각해보라! 내가 이런 음료들의 유혹에 넘어간다면 얼마나 저급한 지경까지 추락하겠는가! 음악도 우리를 취하게 할 수 있다. 겉보기에는 그런 아주 사소한 원인들이 그리스와 로마를 멸망시켰고, 미래에는 영국과 미국을 멸망시킬 것이다."
>
> 헨리 데이비드 소로우《월든》, (은행나무, 1993), 310~311쪽

소로우는 이 책에서 거친 노동을 오랫동안 계속하는 걸 반대한다. 그

이유는 간단하다. 가장 큰 이유는 그런 노동을 하고 나면 무지막지하게 절제하지 못하고 먹고 마셔대야 하기 때문이다. 소로우는 폭식가를 싫어한 것 같다. 폭식한다는 것을 매우 경계하기 때문이다. 음식의 진정한 맛을 아는 사람들은 절대 폭식가가 되지 않지만, 그 맛을 모르는 사람은 폭식가를 면할 수 없다는 사실에 대해서도 언급을 했다.

당시 그의 책에 동양의 5성 중에 한 명인 증자曾子의 말이 담겨 있는 것을 발견하고 필자는 놀라지 않을 수 없었다.

"증자는 '영혼이 자유롭지 않으면 보아도 보이지 않고, 들어도 들리지 않으며, 음식을 먹어도 음식 맛을 모른다'라고 말했다."

헨리 데이비드 소로우 《월든》, (은행나무, 1993), 312쪽

결국 소로우는 인생을 살면서 제대로 살기를 원했던 것이다. 영혼이 자유롭지 못하고 무엇인가에 집착하게 되고 편협하게 된다면 사는 게 사는 것이 아닐 수 있다.

소로우는 자신이 숲에 들어와 사는 이유 중 하나는 봄이 오는 걸 지켜보는 여유와 기회를 가지고 싶어서였다고 책의 후반부에 담담히 밝힌다. 그의 놀라운 생각 중에 하나는 가축이 사람보다 훨씬 더 자유롭다는 것이다.

"나는 오래전부터 사람이 가축의 주인이 아니라 가축이 사람의 주인이며 가축이 사람보다 훨씬 더 자유롭다고 생각해왔다."

헨리 데이비드 소로우《월든》, (은행나무, 1993), 76쪽

이 책이 높게 평가받는 이유는 이와 같은 소로우의 멋지고 화려하고 아름다운 명문장 때문이 아니다. 작가만의 탁월하고 차별화된 의식과 생각 때문이다. 필자는 그렇게 생각한다.

꼬리에 꼬리 물기

많은 사람들이 말한다. 요즘은 철학을 가르치는 사람은 있어도 철학자는 없다고 말이다. 그런데 이 말을 가장 먼저 한 사람이 바로 소로우이다. 그리고 철학자가 된다는 것이 어떤 삶을 살아야 하는 것인지에 대해서도 명쾌하게 정리해 놓았다.

"철학자가 된다는 것은 이해하기 어려운 생각을 한다는 것이 아니다. 한 학파를 세운다는 것은 더더욱 아니다. 지혜를 사랑하고 지혜의 지시에 따라 소박하고 남에게 의지하지 않으며 너그러운 삶, 신뢰감을 주는 삶을 사는 것이다. 또한 삶의 문제를 이론적으로나 실질적으로 조금이나마 해

결하는 것이다."

헨리 데이비드 소로우 《월든》, (은행나무, 1993), 24쪽

그의 말은 옳다. 철학자가 된다는 것은 소박하게 자유롭고 너그럽고 신뢰감을 주는 그런 삶을 사는 것이다. 그리고 지혜를 사랑하고, 지혜의 가르침에 따라 살아가는 것이다.

지혜를 사랑한다는 것은 어떤 삶일까?

필자는 책을 가까이 하고 책을 매일 읽는 사람을 지혜를 사랑하는 사람의 가장 큰 특징이라고 생각한다. 물론 책이 아닐 수 있다. 하지만 평범한 사람들이 평범한 환경과 평범한 사람들 속에서 살고 일하면서 지혜를 얻고 지혜와 가까이 하고, 지혜를 사랑할 수 있는 가장 효과적이고 훌륭한 방법은 지혜의 저장소인 도서관에 가고, 책을 매일 읽는 것이다.

특히 현대인들이 직장에서 지혜를 접하기란 힘들다. 물론 삶이 전부 지혜와 경험을 쌓을 수 있는 시공간을 제공한다고 하지만, 교도소와 같은 곳에서 10년 있는 것보다는 하버드 대학교에서 1년 있는 것이 더 많은 지혜와 고급 지식들을 접할 수 있는 것은 당연한 사실이다.

그런 점에서 저녁과 주말마다 자신과 의식 수준과 지혜 정도가 비슷한 또래 친구들만 만나 유흥을 즐기면서 서너 시간을 술을 마시고 잡담을 나누는 것에 귀한 에너지와 시간을 투자하는 사람들보다는 자신과 비교도 할 수 없는 세계 최고의 위인들과 지혜를 만날 수 있는 도서관에

가서 다양한 책들을 접하는 사람들이 훨씬 더 지혜를 사랑하는 것이라고 필자는 생각한다. 그렇게 지혜를 사랑하고, 지혜의 가르침에 따라 소박하고 너그러운 신뢰감을 주는 그런 삶을 살다 간 대표적인 인물이 바로 동양의 공자일 것이다.

공자의 어록을 모아 놓은《논어》에 동양 최고의 지혜의 정수가 담겨 있는 이유도 바로 이것일 것이다.《논어》의 첫 문장이 바로 배움에 대한 이야기이다.

"공자께서 말씀하셨다. 배우고 제때에 그것을 익힌다면 그 또한 기쁘지 않겠는가?"

공자는 말만 이렇게 한 것이 아니다. 자신의 삶을 통해 배움에 대한 열정을 사람들에게 보여 주었고, 그러한 언행일치와 지혜에 대한 열정이 후세 사람들에게도 높은 평가를 받은 것이다.

소로우의 말대로 보자면, 가장 철학적인 삶을 사는 사람은 유태인들이다. 그들은 항상 질문을 하면서 삶과 세상의 여러 가지 문제를 이론적으로나 실질적으로 조금이나마 해결해 내려고 노력하고, 실제로 많은 문제들을 개선하고 해결했다. 인류 문명의 많은 부분들이 유태인들에 의해서 개선되고 창조되었다는 사실만을 감안해도 이런 사실을 충분히 알 수 있을 것이다. 유태인들은 책의 민족이고, 지혜의 보고인 탈무드를 스스로 만들어 가지고 있는 민족이다.

가장 큰 지혜에 대해서 소로우는 자신의 이 책 후반부에 힌트를 남겼다. 우리 인간은 지금 우리가 어디에 있는지도 잘 모르고 있다는 사실을 피력하면서, 너무 잘난 척하지 말라고 말한다. 다시 말해 인간은 스스로 현명하다고 생각하지만, 우둔한 존재일 수 있다는 것이다. 그 우둔한 증거로 소로우는 세상에는 끊임없이 새로운 일이 일어나고 있지만, 우리 인간은 지독히 따분한 것을 묵인하고 살아가고 있다는 것과 가장 개화된 나라들에서조차 지혜롭지 못한 오래된 구식의 어떤 설교들이 아직도 행해지고 있는지를 생각해보라고 말한다.

'우리는 패기 넘치는 철학자들이고 실험가들이다! 내 독자들 중에는 인간의 삶을 온전히 살았던 사람이 하나도 없다. 그들은 인류의 삶에서 봄에 불과할지도 모른다.'

헨리 데이비드 소로우《월든》, (은행나무, 1993), 472쪽

소로우가 이렇게 말하는 이유는 분명하다. 우리가 지금 지구에 살고 있지만, 지구의 얇은 껍데기에 대해서만 알 뿐이고, 그 이상도 그 이하도 아니라는 것이다. 우리 자신을 너무 과대평가하지 말라고 경고해 주는 것이다. 그가 우리 독자들에게 제시하고 싶은 말은 착각하지 말고 살라는 것이 아닐까?

착각 때문에 결국 고생하고, 착각 때문에 결국 기계처럼 살게 된다는 것이다. 우리는 기계가 아니라 인간이라는 것이다. 착각 속에 빠져 살고 있기 때문에 우리의 삶이 너무 바쁘고 정신없다는 것이다.

"왜 우리는 이처럼 바쁘게 살며 삶을 허비해야 하는가? 마치 굶주리기도 전에 굶어죽겠다고 결심한 꼴이다. 우리는 제때의 한 바늘이 나중에 아홉 바늘을 던다고 말하면서도 내일 아홉 번 바느질하는 수고를 덜려고 오늘 1000 바늘을 꿰고 있다. 우리는 일을 한다고 늘 바쁘지만 막상 중요한 일은 하나도 없다."

헨리 데이비드 소로우《월든》,(은행나무,1993),127쪽

정말 우리에게 필요한 것은 우리가 바쁘다는 것에 대한 착각에서 벗어나는 것이 아닐까? 우리는 바빠야 먹고살 수 있고, 바빠야 좋은 것이라고 배웠다. 이 사회가 그렇게 가르쳐 주었다. 하지만 이 사회는 잘못된 신념에 빠져 있다.

바쁜 것이 무조건 좋은 것은 아니다. 오히려 여유를 가지고 천천히 살아가는 것이 훨씬 더 나은 삶을 살아낼 수 있다. 이것이 이 책이 바쁜 현대인들에게 제시해 주는 가장 큰 깨달음일 것이다.

절대로 바쁘게 살며 삶을 허비하지 말자. 여유를 가지고 새가 노래하고, 아침이 밝아오고, 꽃이 피는 것들을 바라보고, 자연과 벗 삼아 살아보자.

《시민의 불복종》 깊게 천천히 읽기

"부자는 언제나 그를 부자로 만들어준 기관에게 영합하게 마련이다. 단언하는 바이지만 돈이 많으면 많을수록 덕은 적다. 왜냐하면 돈이 사람과 그의 목적물 사이에 끼어들어 그를 위해 그것들을 획득해주기 때문이다. …… 돈이 없었더라면 그가 그 대답을 찾기 위해 고심해야할 많은 문제들을 돈은 유보시켜 준다. 돈이 있기 때문에 발생하는 유일한 새로운 문제는, 그 돈을 어떻게 쓸 것인가 하는 어려우면서도 부질없는 문제뿐이다. 이리하여 부자의 도덕적 기반이 발밑부터 송두리째 흔들리게 된다. 이른바 수단이란 것이 늘어갈수록 삶의 기회들은 줄어든다."

헨리 데이비드 소로우 《시민의 불복종》, (은행나무, 2011), 44쪽

소로우는 그 당시 미국 정부가 가지고 있던 문제들을 깊은 통찰력을 가지고 제시한다. 부자에 대한 문제는 지금도 여전히 문제다. 하지만 소로우는 19세기에 21세기의 의식을 가지고 이 문제에 대해 논했다. 뿐만 아니라 소로우는 그 당시 존재했던 말도 안 되는 교회세 납부에 대해서도 논했다.

주 정부가 소로우에게 어느 교회 목사의 생계를 돕기 위해 일정액의 헌금을 내라고 명령했다. 소로우는 이 명령을 거부했다. 하지만 다른 사

람이 소로우를 대신해서 돈을 내버렸다. 소로우는 이러한 정부의 명령에 대해 강하게 비판했다.

> "학교 교사는 목사의 생활비를 위해 세금을 내야 하는데, 왜 목사는 학교 교사를 위해 세금을 내지 않는지 나는 그 이유를 알 수 없었다. 왜냐하면 나는 주 정부에 속한 교사가 아니고 자발적인 기부금으로 생활했기 때문이다."
>
> 헨리 데이비드 소로우 《시민의 불복종》, (은행나무, 2011), 48쪽

그는 수동적으로 모든 것을 수용하는 그런 사람이 아니었다. 항상 비판적인 사고를 하며, 모든 것을 근본부터 다시 생각하는 사람이었다. 그냥 기존에 누군가가 정해놓은 것이기 때문에 그대로 따라야 하고, 수용해야 하고, 받아들여야 한다는 것을 거부했다.

'나는 누구에게 강요받기 위하여 이 세상에 태어난 것은 아니다. 나는 내 방식대로 숨을 쉬고 내 방식대로 살아갈 것이다.'

소로우는 정부와 개인은 둘 다 각자의 법칙에 따라 살아가야 하지만, 어느 한쪽도 다른 한쪽을 위해 희생될 필요는 없다고 말한다.

한 알의 도토리와 한 알의 밤이 나란히 땅에 떨어졌을 때, 한쪽이 잘 자라도록 다른 쪽이 양보하여 성장을 멈추고 있는 것을 그는 본 적이 없

다고 반박했다. 둘 다 각자의 법칙에 따라 싹이 트고 자라서 커질 만큼 커지다가 어느 한 나무가 다른 나무를 그늘로 가려 죽게 만들고야 말겠지만, 무엇이든 자신의 천성에 따라 살게 되고, 그렇게 살지 못하면 죽게 된다는 것이다. 그렇기 때문에 사람도 마찬가지로 그렇게 자신의 천성대로 살아야 하고, 자신의 법칙에 따라, 살아야 한다. 하지만 정부가 그것을 방해하고 있다는 것이다.

그는 책의 후반부에 이렇게 말한다.

> "엄정하게 말하면, 정부는 피통치자의 허락과 동의를 받아야 한다. 정부는 내가 허용해 준 부분 이외에는 나의 신체나 재산에 대해서 순수한 권리를 가질 수 없다. 전제군주제에서 입헌군주제로, 입헌군주제에서 민주주의로 진보해 온 것은 개인에 대한 진정한 존중을 향해 온 진보이다. 중국의 철인조차도 개인을 제국의 근본으로 볼 만큼 현명했다."

헨리 데이비드 소로우《시민의 불복종》, (은행나무, 2011), 68쪽

결론은 개인이 정부에 우선해야 한다는 것이다. 정부을 위해 개인을 희생시키지 말라는 것이다. 그래서 그가 꿈꾸는 정부는 일부 소수의 사람들이 국가에 대해 초연하며, 국가에 대해 참견하지도 않고, 국가의 간섭을 받지도 않고 살더라도 이웃과 동포에 대한 의무를 다하는 한 그들이 국가의 안녕을 해치는 자들이라고 생각되지 않는 정부이다. 사람 하

나라도 부당하게 가두는 정부는 결코 정부가 아니라고 말한다. 그런 정부 밑에서는 오히려 의로운 사람들이 감옥에서만 지낼 수밖에 없을 것이라고 말한다. 그의 이러한 말들은 우리가 어떠한 정부 밑에서 어떤 삶을 살아나가야 할 것인가에 대해 깊게 생각하게 해 준다.

우리는 먼저 인간이어야 한다

그는 우리가 국민이기 이전에 인간이어야 한다고 주장한다. 인간이기보다 국민을 강조한 나머지 많은 사람들이 인간이 아닌 기계로서 국가를 섬기게 되었다고 말한다.

"이처럼 수많은 사람들이 인간으로서가 아니라 기계로서 자신의 육신을 바쳐 국가를 섬기고 있다. 상비군, 예비군, 간수, 경찰관, 민병대 등이 바로 그런 사람들이다. 대부분의 경우 그들이 판단력이나 도덕 감각을 자율적으로 사용하는 일은 전혀 없으며 오히려 그들 스스로가 자신을 나무나 흙이나 돌과 같은 위치에 놓아버린다. 그래서 나무로 사람을 깎아 만들더라도 그들이 하는 일을 해내는 데는 별 지장이 없을 것이다."

헨리 데이비드 소로우《시민의 불복종》, (은행나무, 2011), 23쪽

이렇게 살아가는 사람들의 가장 큰 특징은 별로 큰 가치가 없다는 것이다. 누구나 그런 위치에 있게 되면 다 할 수 있는 그런 일이기 때문이다. 심지어 나무나 기계로 만들 수만 있다면 충분히 그런 기계나 나무도 해낼 수 있는 그런 일을 하는 데 아무 지장이 없을 정도로 특별하고 고유한 인간의 일이 아니라는 것이다. 그래서 결과적으로 이런 사람들은 짚으로 만든 사람이나 흙덩이 이상의 존경을 받을 자격이 없다고 그는 말한다. 그들의 값어치는 말이나 개보다 더 나을 것이 없다고 말한다.

> "극소수의 사람들만이 참다운 의미의 영웅, 애국자, 순교자, 개혁가로서 그리고 인간으로서 그들의 양심을 가지고 이바지한다. 그런데 그렇기 때문에 그들은 필연적으로 국가에 저항하게 되는 경우가 대부분이며, 따라서 국가로부터 흔히 적으로 취급을 받는다."

헨리 데이비드 소로우《시민의 불복종》, (은행나무, 2011), 24쪽

명심하자. 우리는 먼저 인간이어야 한다. 그리고 참다운 인간은 오직 사람으로만 살아가고, 쓰이기를 바랄 뿐이다. 기계가 되어, 부품이 되어, 큰 기계의 부속품이 되거나 무엇을 막거나 지탱하는 데 사용되기를 바라지 않아야 한다. 하지만 많은 사람들이 정부라는 큰 기계의 부속품이 되고, 무엇인가를 막거나 지탱하는 데 쓰이고 있다고 그는 말한다.

그가 한 말 중에 아주 의미심장한 문장이 있다. 가장 인상적인 문장

이다.

"같은 인간을 위해 자기 자신을 모두 내주는 사람은 쓸모없는 이기주의자로 보이지만, 자기 자신의 일부만을 주는 사람은 자선가나 박애주의자라고 불린다."

헨리 데이비드 소로우《시민의 불복종》, (은행나무, 2011), 24쪽

우리는 평생을 국가라는 정부의 기계나 부속품으로 살아온 사람들을 정말 쓸모없는 존재로 생각하는 경향이 있는 게 사실이다. 전쟁에서 정말 목숨을 버리는 쪽은 한두 명의 장군이 아니라 수천 명의 장병들이다. 하지만 전쟁 승리의 영광과 공은 장군에게만 돌아간다. 장군은 거의 대부분의 경우, 목숨까지 바치지 않는다. 작전에 실패해도 목숨을 버릴 필요가 없다. 하지만 장병들은 하루에서 수십 번 가장 중요한 목숨을 내던져야 한다.

뭔가 잘못된 것이다. 소로우는 이런 사실을 꿰뚫어 봤다. 그래서 이 책이 놀라운 책이고, 인류 역사를 바꾼 책이 되는 것이다. 소로우는 그 당시 미국 정부 아래에 살면서 많은 고뇌와 사색을 했다. 그가 고민한 것들 중에서 가장 중요한 것은 바로 '자신이 살고 있는 바로 그 시대의 그 정부 밑에서 어떻게 처신하는 것이 한 인간으로서 올바른 자세인가?' 하는 것이었다. 그는 주저 없이 수치감 없이는 '이 정부와 관계를 가질 수 없

노라'고 대답한다.

우리가 살아가야 하는 이 시대가 그가 살았던 그 시대의 어느 정부보다 더 나은 것이 하나도 없다고 생각하는 것이 크게 이상하지 않을 정도로 이 시대는 엉망이다. 하지만 그럼에도 우리는 먼저 인간이어야 한다. 그리고 우리가 추구해야 할 것은 이것 하나뿐이다.

'어떻게 살아가는 것이 인간으로 올바르게 처신하며 살아가는 것일까?'

분명한 것은 이 세상에 어느 누구도 누군가에게 강요받기 위하여 태어난 것은 아니라는 사실이다.

사기열전

어떻게 살아가야 할까?

"하루에도 창자가 아홉 번씩 끊어지는 듯하고 집 안에 있으면 갑자기 망연자실하고
집 밖을 나서면 어디로 가야 할지를 알지 못합니다.
매번 이 치욕을 생각할 때마다 땀이 등줄기를 흘러 옷을 적시지 않은 적이 없습니다."
_《사기서》 중에서

"대체로 일반 백성은 상대방의 재산이 자기보다 열 배 많으면 몸을 낮추고,
백 배 많으면 두려워하며, 천 배 많으면 그의 일을 해 주고, 만 배 많으면 그 하인이 된다.
이것이 사물의 이치다."
_《사기열전2》 중에서

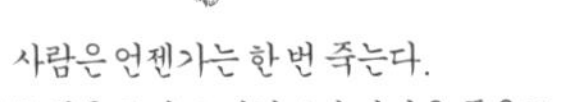

사람은 언젠가는 한 번 죽는다.
태산보다 무거운 죽음도 있고, 새털보다 가벼운 죽음도 있다.

古典
不敗

세계인의 고전 《사기》에 대해서

《사기》는 단 한 권의 책이 아니다. 《사기》는 모두 백삼십 편, 오십이만 육천오백 자에 이른다. 여기에 중국 정부는 몇 자를 더 추가하여 이제는 오십오만 오천육백육십 자에 이르게 되었다.

《사기》는 '본기' 열두 편, '표' 열 편, '서' 여덟 편, '세가' 서른 편, '열전' 일흔 편으로 구성되어 있다. 보통 사람들이 《사기》를 읽었다고 하면, 《사기열전》을 말할 것이다. 《사기》는 역사적인 의미도 깊지만, 동서양을 막론하여 '세계인의 고전'이라는 평가를 받고 있다. 왜냐하면 《사기》라는 역사서가 단순히 시간의 흐름을 보여주는 책이 아니라 그 시대의 사회 구조와 그 내부 양상의 발전과 변화를 통해 각 인물과 사건 등의 사실과 상황의 역사적 층위를 부여했기 때문이다. 뿐만 아니라 우리가 고전 중에서도 고전인 《사기》를 꼭 읽어야만 하는 이유가 적지 않음을 알아야 한다.

《사기》는 궁형이라는 죽음보다도 더한 형벌을 당한 한 인간의 처절한 삶과 사명 그리고 그러한 삶을 통해 우러나오는 살아 있는 탁월한 통찰력으로 완성된 책이다. 그렇기 때문에 《사기》는 단순히 그저 역사서가 아니다. 한 인간의 뜨거운 피로 쓴 한 편의 대서사시인 것이다.

《사기》는 사마천이 자신의 아버지 사마담의 유언에 따르고자, 궁형이라는 죽음보다 더한 치욕과 고통을 딛고 저술한 통사체 역사서이다. 이 책은 전설의 황제黃帝 시대로부터 한무제 때까지 2000년을 아우르는 거대한 역사서이다.

사마천은 이 책을 통해 시대에 맞선 자와, 시대를 거스른 자 그리고 시대를 비껴간 자들을 세상에 알리고자 했다. 그리고 그러한 행동은 모두 우리가 '어떤 방식으로 살아가야 할까?' 라는 물음에 대해 스스로 해답을 구하고 인생과 세상과 인간에 대해 교훈을 얻을 수 있도록 해 주었다. 그런 점에서 필자는 사마천의 《사기》와 같은 책의 역사적 의미와 가치를 높게 평가하고 싶다.

《사기》는 역사서이기 이전에 한 인간의 인생과 고통과 치욕이 고스란히 담겨 있는 책이기도 하다. 그럼에도 불구하고 《사기》가 세상에 나오고도 오랫동안 이 책은 빛을 보지 못하고 수많은 역사가들에게 소외를 당한다. 하지만 그런 인내의 시기에도 불구하고, 《사기》는 최고의 역사서로 자리매김한다. 그 이유에는 인생에서 가장 치욕스러운 형벌 중에 하나인 궁형을 당한 한 인간의 세계관과 인생관 위에 개인적인 비극과 역사적 사건들을 역사의식과 세계관으로 승화시켜 시대를 살다 간 인물을 아주 사실적으로 조망해 나갔기 때문일 것이다.

사마천만이 가지고 있는 독특한 인생관과 세계관 그리고 그만이 가지고 있는 사료 비판 능력이 2000년 동안의 수많은 역사와 만나서《사기》라는 대작이 탄생하게 된 것이다.

《사기》에 대해서, 일본 내에서 중국 고전 연구의 일인자로 평가 받고 있는 모리야 히로시는 자신의 저서를 통해 이렇게 평가한 적이 있다.

> "《사기》는 중국을 대표하는 역사서일 뿐 아니라 세계를 대표하는 고전이라 할 만하다.《사기》에서 다룬 시대는 신화 시대부터 사마천이 살던 한나라 시대까지 2000년이 넘으며, 인물은 왕과 제후부터 일반 백성까지 수천 명 남짓 등장한다. 주제 역시 다양해 정치, 경제, 군사, 천문, 지리, 음악, 점술 등 인간 활동에 관련한 모든 지혜를 다뤘다. 한마디로《사기》는 중국이라는 세계를 무대로 한 인간 백과사전이라 할 수 있다."

모리야 히로시《사기, 성공의 원칙을 말하다》, (랜덤하우스, 2011), 7~8쪽

《사기》는 위대한 역사서인 동시에 매우 흥미진진하다는 점에서 문학으로서의 역할도 한다. 그리고 이것은 바로 사마천의 남다른, 시대를 앞선 뚜렷한 개성이 이 책에도 오롯이 담겨 있기 때문이라고 필자는 생각한다.

역사를 안다는 것은 인생을 두 배로 사는 것이다

"신이 듣건대 깃털도 많이 쌓으면 배를 가라앉히고, 가벼운 물건도 많이 실으면 수레의 축이 부러지며, 여러 사람의 입은 무쇠도 녹이고, 여러 사람의 비방이 쌓이면 뼈도 녹인다고 합니다."

사마천《사기열전 1》, (민음사, 2007), 275쪽

'사명을 위해, 치욕을 견디어 낸 사나이'라고 할 수 있는 사마천은 남자로서 가장 수치스러운 궁형을 당하고도 자신의 사명을 다했고, 아버지의 유언을 받들어 지켰다. 그래서 평생 동안 이 일에 모든 것을 걸었다. 그 결과 '모든 유형의 인간 백과사전'이라고 할 만큼 방대한 저작인 《사기》가 탄생하게 되었던 것이다.

책을 많이 집필하다 보면, 문득 '작가는 인생을 두 번 사는 사람'인 것 같다는 생각이 든다. 그만큼 책을 쓴다는 것은 쉽게 잊힐 수 있는 모든 삶을 두세 번 이상 곱씹어 보면서 성찰을 해야 한다는 것을 의미한다. 이와 마찬가지로, 아니 오히려 더 심하게 인생을 두 번 혹은 세 번 사는 방법이 있다. 바로 '역사'를 아는 것이다.

수많은 사람들이 어떻게 살았고, 어떤 삶을 추구했으며, 그 결과 어떤 인생을 살아낼 수 있게 되었는지를 많이 안다면 그 사람은 인생을 살아

가는 데 있어 시행착오를 줄일 수 있게 된다. 그뿐만 아니라 자신이 지금까지 살아보지 못했던 것들에 대해서도 간접적으로 이미 살아 본 것과 다를 바 없게 된다.

역사를 안다는 것은 바로 이런 점에서 인생을 남들보다 두 배로 사는 것이라고 말하고 싶다. 역사를 모르는 사람들은 인간과 세상에 대한 통찰력이 부족할 수밖에 없다. 인간과 세상에 대한 통찰력을 기를 수 있는 가장 좋은 방법은 인간과 세상에 대한 탐구서이기도 한 역사책을 가까이 하는 것이다. 사마천이《보임안서》에 남긴 희대의 명언을 보자.

> "사람은 언젠가는 한 번 죽습니다. 태산보다 무거운 죽음도 있고, 새털보다 가벼운 죽음도 있습니다."

이 명언은 이제 너무나도 유명해져서 따로 출처를 밝히는 것이 무의미할 뿐이다. 역사를 안다는 것은 역사 속의 수많은 인물들의 삶과 죽음을 통해, 자신의 인생을 새털보다 가벼운 삶에서 태산보다 무거운 삶으로 살아갈 수 있게 한다는 것을 의미한다. 그런 점에서 우리가 반드시 읽어야 할 책은 고전이며, 고전 중에서도 역사인 것이다.

치욕 속에서 대작은 탄생한다

비교 대상이 없는 역사서인 이《사기》는 과연 어떻게 해서 한 인간에 의해서 탄생할 수 있었을까? 사마천은 또 왜 이런 역사서를 쓰고자 했을까?

이러한 질문에 대해 가장 잘 알 수 있게 해 주는 사람이 있다. 바로 '사마천' 연구의 세계적 석학 왕리췬 교수이다. 그가 집필한 사기 해석의 완결판에 해당하는 책을 보면 사마천이《사기》를 집필한 목적에 대해 언급하고 있는 것을 알 수 있다.

> "사마천은 대단히 자부심이 강한 사람이었습니다. 스스로 '하늘과 인간의 관계를 탐구하고 고금의 변화를 통찰해내 스스로의 독특한 얘기를 완성하고자 한다.' 라고 밝히면서《사기》를 쓰는 목적을 분명히 하고 있습니다."

왕리췬《사기강의》, (김영사, 2011), 10쪽

하지만 평범한 사관들도 모두 이러한 포부는 하나씩 있었다. 실제로 사마천은 일생을 바꾸는 끔찍한 사건이 있기 전에는 평범한 사관에 불과했다고 말할 수 있다. 하지만 그 하나의 사건을 통해 사마천은 평범한 사관에서 위대한 사관으로 변모할 수 있었다. 그 사건은 바로 이릉 장군의 투항에 대해 자신의 솔직한 의견을 한무제에게 말한 것이 화근이 되어, '황제를 무고했다'라는 죄명을 뒤집어쓰고, 사형수가 된 사건이었다.

한나라의 유명한 명장인 이광의 손자, 이릉은 누군가의 부대의 후방 보급을 담당하는 장군으로 만족할 수 없었다. 그래서 한무제에게 후방 보급 부대의 장군직을 사양하겠다고 말하고, 직접 출정을 하겠다고 우겼던 것이다.

결국 이릉은 출정을 할 수 있게 되었고, 일당백의 군사 5000명만 데리고 흉노의 심장부까지 전진하여, 며칠간이나 수만의 흉노군과 용맹하게 싸웠다. 그 덕분에 거의 다 이겨가고 있었지만, 부하 한 명이 직속상관에게 수모를 당한 것에 앙심을 품고 흉노 진영에 이릉 부대의 형편과 군사 비밀을 깡그리 폭로하게 되자, 전세는 갑자기 역전 되어, 결국 이릉은 투항할 수밖에 없게 되었던 것이다.

이릉의 투항에 대해 한무제는 수치심과 분노를 떨치지 못하고 있었고, 이때 사마천이 이릉을 변호하는 듯한 발언을 해 버린 것이다. 그리고 그 말 한마디로 사마천은 일생에 지울 수 없는 일을 겪게 되었던 것이다. 바로 사형이라는 엄청난 형벌이었다.

이 시대에 사형수들은 세 가지 선택을 할 수 있었다. 첫째는 말 그대로 '법에 따라 사형을 당하는 것'이다. 두 번째는 현재 시세로 대략 20억 원 이상 되는 거금인 50만 전을 내는 것이다. 세 번째가 바로 '남자의 성기를 거세하는 궁형'을 받는 것이었다.

평범한 사관에 불과했던 사마천이 이런 거금을 구할 길은 없었다. 그렇다고 순순히 사형을 당할 수도 없었다. 아버지의 유언이기도 한 역사서 편찬을 마무리 짓지 못했기 때문이다. 하지만 궁형을 자청한다는 것은 죽음보다 더 한 수치를 안고 평생 살아가야 한다는 것을 의미한다. 천하의 조롱거리가 되어야 하고, 죽음이 두려워 수치스러운 선택을 했다는 손가락질도 평생 받아야 한다. 생각해 보자.

궁형을 자청해서 받는 것은 선조를 욕되게 하는 것 중에서도 가장 으뜸일 것이고, 궁형만큼 치욕적인 굴욕은 또 없을 것이다. 궁형을 당한 후 사마천이 자신의 심정을 친구인 임안에게 보낸 편지를 통해 말한 적이 있다. 사마천이 친구인 임안에게 보낸 편지인《보임안서》에 이런 기록이 있다.

> "내 간장은 아침저녁으로 아홉 구비로 꼬입니다. 집에 있으면 정신이 멍합니다. 밖에 나가면 어디로 가야 할지 막막합니다. 제가 당한 자궁의 수치를 생각할 때마다 등에 식은땀이 흥건하게 흘러내려 옷을 적시곤 합니다."
>
> 왕리췬《사기강의》, (김영사, 2011), 16쪽

궁형을 당한 후 사마천은 그 고통의 두께와 깊이만큼 전혀 다른 사람으로 변모되었던 것이다. 정확하게 말하면 죽었다가 다시 태어난 것과 다를 바 없는 것이다. 그만큼 그는 세상을 이제 다른 시각으로, 새로운 인식을 가지고 바라볼 수 있게 되었고, 가장 밑바닥 시선으로 역사를 기록하고 평가할 수 있게 되었던 것이다. 궁형을 통해 죽었다가 다시 태어난 사마천은 역사에 길이 남을 대작을 탄생시킬 수 있는 위대한 영혼으로 도약했다.

나는 《맹자》에 나오는 이 말을 좋아한다. 맹자의 고자장구하告子章句下에 보면 다음과 같은 문장이 나온다.

"하늘이 장차 어떤 사람에게 큰일을 맡기려고 할 때는 반드시 먼저 그의 마음을 괴롭게 하고 뜻을 흔들어 고통스럽게 하고, 그 몸을 지치게 하며 육신을 굶주리게 한다. 또한 생활을 곤궁하게 하여 하는 일마다 뜻대로 되지 않게 한다. 그러한 이유는 이로써 그 마음의 참을성을 담금질하여 비로소 하늘의 사명을 능히 감당할 만하도록 역량을 키워서 전에는 이룰 수 없던 바를 이룰 수 있도록 하기 위함이니라."

하늘이 어떤 사람에게 중책을 맡기려고 할 때는 반드시 먼저 그 사람의 마음을 괴롭게 하고, 하는 일 마다 안 되게 하여, 힘들고 피곤하게 만든다는 의미의 말이다. 평범한 사관에 불과했던 사마천은 궁형이라는 형벌을 통해 마음이 괴롭게 되고, 고통스럽게 되어, 무엇을 해도 하는 일마다 뜻대로 되지 않는 그런 비참한 밑바닥 삶을 경험하게 되었던 것이다. 바로 그러한 고통과 아픔, 죽음보다 더한 치욕과 비운이 그로 하여금 하늘이 그에게 내려준 사명을 능히 감당해 낼 수 있는 위대한 인물이 될 수 있는 역량을 키울 수 있도록 해 주었던 것이다.

자! 독자들 중에서도 자신이 하는 일마다 안 되고, 걸핏하면 욕을 먹고, 마음이 괴롭고 고통스러운 일로 가득 차 있는 사람이 있는가? 그렇다면 너무 가슴 아파할 것이 없을 것 같다. 하늘이 장차 큰일을 맡기려고 하는 것인지도 모르기 때문이다.

필자는 정말 그런 적이 있었다. 삼성이라는 큰 회사에서 일은 잘했지만, 성과나 평가는 이상하게도 엉망이었고, 심지어 '삼성인상'을 받게 되었는데도, 누군가가 그 상을 사내정치를 통해 가로채 갔던 적이 있었다.

천하 경영의 왕도가 담겨 있다

인간학의 보고이자, 세상사의 탐구서인《사기》를 최소한 열 번만 정독을 해 보라. 그렇게 하면 천하 경영의 원리를 꿰뚫어 볼 수 있는 경영의 신이 될 것이다. 거짓말이 아니다. 허풍도 아니다. 10번만 정독을 해 보기 바란다. 하지만 한국인들의 평균 독서 실력이 분당 150글자 밖에 되지 못하기 때문에 사마천의 사기를 한 번 정독하려면 최소한 한 달 이상 걸린다. 그런데 인내심이 부족하기 때문에 중간에 포기하는 사람이 90%이다. 그래서 독서 실력이 매우 중요하다. 250~300페이지가 되는 양의 책을 독파하는 데 한국인들은 평균 10시간 이상 걸린다. 하지만 독서 실력을 2배만 향상해서 5시간에 한 권을 독파하게 된다 해도, 이것은 1년 혹은 3년 동안 하루에 한 시간씩만 독서를 하더라도 엄청난 차이를 만들어 낼 수 있다. 그렇기 때문에 독서 습관보다 더 중요한 것이 독서력을 먼저 향상하는 것이다. 필자가 하고 있는 독서 혁명 프로젝트는 미국에서 20년 전에 했던 독서 세미나와 비슷한 성격을 가지고 있지만, 그 내용이나 수준은 미국을 훨씬 넘어서고 있다.

《사기》를 제대로 읽으면, 절대 남들에게 사기를 당하지 않을 수 있다. 왜냐하면 인간학의 보고인 이 책을 통해 상대방을 어느 정도 꿰뚫어 볼 수 있기 때문이다. 또한 이 책을 통해 경영을 잘할 수 있다. 그리고 그 이유는 경영의 핵심은 뛰어난 시스템 구축이나 아이디어, 경영 전략이 아니라 사람이기 때문이다.

과거에 왕이 되기 위해 필요했던 것은 용맹이나 지략이 아니라 '사람의 마음을 얻고 사람을 얼마나 잘 활용하고, 얼마나 많은 이들이 모여 들게 하느냐'인 것이다. 이런 것에 항우가 실패했기에 항우는 패자가 되었다. 항우는 20대 중반에 특유의 강인함과 용맹함으로 초의 실권자가 죽었을 때, 초의 전군을 장악할 수 있었다. 항우가 이처럼 강력한 세력을 얻게 되자 우수한 인재들이 앞다퉈 몰려들었다. 진평, 한신, 범증 등과 같은 훌륭한 인물들이었다. 하지만 결정적으로 항우는 이들의 마음을 사로잡지 못하는 그런 작은 그릇이었던 것이다. 이것이 항우의 가장 큰 한계였다.

항우를 개인적으로 평가하자면 정말 대단한, 출중한 인물이다. 그가 가진 용맹함과 강인함은 한 마디로 최고였다. 하지만 그것만으로 인간 경영을 이룰 수 없는 것이다. '파부침선破釜沈船' 이라는 계책을 실천해서, 전쟁을 승리로 이끄는 훌륭한 장군이었던 그는 장군으로서는 비범했지만, 인간 경영이 모든 세상사에 가장 핵심이었음을 깨닫지 못한 수많은 범인凡人 중에 한 명이었던 것이다.

항우는 40만 대군이 있었고, 유방은 겨우 10만 대군 밖에 없었을 때, 항우가 유방을 죽이려고 했지만, 우유부단한 성격 때문에 쉽게 설득을 당해 죽일 수 있는 절호의 기회를 낭비하게 되었다. 항우와 유방이 싸우면 번번이 유방이 패한다. 하지만 결국 마지막 전투에서 유방이 이기면서 천하를 차지하게 된다. 수많은 전쟁에서 승리하고도, 천하를 뺏기게 되는 항우에게는 치명적인 결함이 있었다. 바로 인간 경영 능력이 부족하다는 것이었다.

인간 경영의 핵심은 신뢰와 존중이며, 유능한 인재의 활용이다. 그런데 항우는 바로 이런 것들을 절대 하지 못했다. 항우는 절대 부하를 믿지 못한다. 그리고 유능한 인재를 좀체 등용하지 못한다. 기질 탓이라고 할 수 있다.

유방과 항우의 싸움 초반에는 압도적으로 항우가 우세했다. 천하의 모든 인재가 항우에게 떼를 지어 몰려왔다. 그런데 막상 항우를 겪어 보니, 천하를 거머쥘 그릇이 아니었다. 결국 항우에게 몰려들었던 인재들은 다시 유방에게 몰리게 되었던 것이다. 항우의 치명적인 결함은 자신의 지략과 용맹만 믿고, 부하들의 지략과 용맹을 무시하고, 과거의 실패와 실수를 스승으로 삼지 않았다는 것이다.

물론 항우는 한 시대를 풍미한 영웅 중에 영웅이었다. 그럼에도 불구하고 인간 경영의 원리를 좀 더 빨리 깨닫고, 사람들의 마음을 얻고, 유능한 인재들을 활용할 줄 알았다면 천하를 유방에게 빼기지 않았을지도 모른다.

역사서를 통해 우리는 이와 같은 교훈을 아주 쉽고 편하게 빨리 깨우칠 수 있다. 누군가가 평생을 고생하면서 삶의 마지막에 깨우칠 만한 아주 귀한 교훈을 우리는 그 자리에서 깨우칠 수 있게 되는 것이다. 그런 점에서 고전을 읽지 않는 것은 인생의 가장 큰 낭비인 셈이다.

냉혹한 세상에서 자신을 지켜내는 지혜를 갖추다

세상은 냉혹하다. 그래서 자신을 지켜내지 못하는 자들은 하루아침에 망할 수밖에 없다. 그렇다면 자신을 지켜낸다는 것은 어떤 것일까? 남들보다 능력이 뛰어나거나 재주가 비상하거나 똑똑한 사람들이 자신을 잘 지켜낼 수 있는 것일까?

절대 아니다. 오히려 남들보다 능력이 뛰어나 큰 공을 세우고, 재주가 비상하거나 똑똑하여 큰일을 해낸 사람들이 자신을 지켜내지 못하고 형장의 이슬로 사라지거나 패가망신한 경우가 훨씬 더 많다. 그렇다면 왜 이런 일들이 많이 일어나는 것일까? 이들이 모두 처세를 잘 못했기 때문일까? 아니다. 처세를 잘 못해서가 아니다. 자신을 지켜내는 지혜를 갖추지 못했기 때문에 제대로 냉혹한 세상의 공격을 버티어 낼 수가 없게 되었기 때문이다.

처세를 잘한다는 것은 고작 회사에서 승진하는 데 도움이 되거나, 성공하는 데 도움이 된다. 하지만 자신을 지켜낸다는 것은 더 큰 차원의 일이다. 여기에는 지혜가 필요하고, 지략이 필요하다.

자신을 지켜내는 지혜를 갖춘 사람으로 우리는 유방의 보좌관이었던 소하를 들 수 있다. 그리고 반대로 뛰어난 능력과 재주로 큰 공을 세웠음에도 자신을 지켜내는 지혜를 갖추지 못해 형장의 이슬로 사라진 사람으로 한신을 들 수 있다. 먼저 소하의 경우를 보자.

유방과 소하는 허물없는 사이이다. 서로 신뢰가 매우 두터운 사이이기도 했다. 하지만 소하가 이것만 믿고 그대로 아무 생각 없이 자신에게 주어진 일들만 성실히 하면서 살았다면, 머지않아 자신은 말할 것도 없고, 친족들도 제거되었을 것이다. 하지만 소하는 자신을 지켜낼 수 있는 지혜를 갖춘 사람이었다. 그 지혜의 핵심은 자신의 몸을 낮추는 것이다.

유방이 황제로 즉위한 뒤, 여기저기서 반란이 끊이지 않았다. 그때마다 유방은 몸소 군대를 이끌고 진압에 나섰고, 유방이 자리를 비울 때마다 소하에게 그 빈자리를 맡겼던 것이다. 소하는 재상이자 일등 공신이었다. 신하로서 더 이상 올라갈 곳이 없는 신분이었다. 또한 백성들이 소하를 진정으로 존경하고 따르고 있다. 바로 이것이 큰 화근이라는 것을 깨닫는 사람은 아무도 없을 것이다. 하지만 역사서를 많이 읽어 보면, 바로 이런 것들이 형장의 이슬로 사라지게 만드는 가장 큰 위험 요소라는 사실을 알 수 있게 된다. 혁혁한 공을 세운 개국 공신들과 장수들이 개국 후에 왕으로부터 다 제거되는 이유가 바로 이런 요소들 때문이다.

왕의 입장에서 자신의 부하인 재상이나 개국 공신이 자신보다 더 백성들로부터 존경을 받고, 명성이 드높게 되면 부담이 되는 위험 인물인 것이다. 그리고 바로 이때, 개국 공신들이나 재상들은 자신의 몸을 낮추고, 직위를 이 핑계 저 핑계를 대고 그만 두고, 낙향하여 조용히 사는 것이 자신의 몸을 지켜내는 지혜인 것이다. 하다못해 백성들로부터 존경 대신 불평을 일부러 얻도록 하는 것도 또 다른 하나의 지혜인 것이다. 소하는 바로 이런 지혜를 갖추고 있었다.

유방이 멀리 반란을 진압하러 갔을 때, 소하는 일부러 광대한 논밭을 아주 싸게 깎아서 사들인 후, 지불을 미루었다. 스스로 자신의 평판을 약간 떨어뜨렸던 것이다. 유방이 되돌아왔을 때, 백성들의 원성이 높은 것을 알게 되면, 내심 좋아할 것이기 때문이다. 일단 신하가 자신보다 더 평판이 좋은 것은 무조건 부담이 되기 때문이다.

군주와 2인자는 아무리 신뢰가 깊은 사이라고 해도, 대립하는 일이 자주 생기기 때문에 원만하게 지내기 어렵다. 하지만 소하는 자신을 낮추는 지혜를 갖춘 자였기 때문에 편안히 죽음을 맞이할 때까지 재상직을 계속해서 맡아 할 수 있었다.

소하와 반대되는 인물이 바로 한신이다. 한신은 위대한 장군이었고, 지략가였다. 하지만 개인의 일처리는 치졸하다고 할 만큼 지혜가 부족했다. 결국 역모를 꾸민 죄로 형장의 이슬로 사라졌다. 군사령관으로서 유방이 천하를 통일하는 데 가장 크게 공을 세운 장군인 한신이 처세술에 뛰어나지 못해 이런 일을 당한 것이 아니다. 그는 누구보다 처세술이 뛰어난 인물이기도 했다. 젊은 시절 건달들이 시비를 걸자, 건달들의 가랑이 사이를 보란 듯이 기어갈 정도로 처세술의 대가였다. 하지만 처세술보다 더 중요한 것은 자신을 지켜내는 지혜를 갖추는 것이다. 그것은 세상에서 큰 공을 세웠을 때, 높은 자리에 있을 때 필요한 것이다.

자신을 낮출 줄 아는 지혜가 있다면, 당신은 아무리 큰 성공을 해도 문제가 없을 것이다. 처세술은 낮은 자리에서 높은 자리로 올라갈 때 필요한 것이지만, 자신을 지켜내는 지혜는 높은 자리에서 냉혹한 세상에 당하지 않고 자신을 지켜내야 할 때 필요한 것이다.

마음속에 맺힌 울분을 토로하기 위해《사기》를 짓다

사마천이 화를 당한 후 세상에서 물러나 깊이 생각한 끝에 이렇게 말한다.

"옛날 서백은 유리에 갇혀 있으므로《주역》을 풀이했고, 공자는 진나라와 채나라에서 고난을 겪었기 때문에《춘추》를 지었으며, 굴원은 쫓겨나는 신세가 되어《이소》를 지었고, 좌구명은 눈이 멀어《국어》를 남겼다. 손자는 다리를 잘림으로써 병법을 논했고, 한비는 진나라에 갇혀《세난》과《고분》두 편을 남겼다.《시》300편은 대체로 현인과 성인이 발분하여 지은 것이다. 이런 사람들은 모두 마음속에 울분이 맺혀 있는데 그것을 발산시킬 수 없기 때문에 지나간 일을 서술하여 앞으로 다가올 일을 생각한 것이다."

사마천《사기열전 2》, (민음사, 2007), 882쪽

사마천은 마음속에 맺힌 울분을 토로하여, 모두 130편의《사기》를 완성시켰다. 그가 지은 130편 중에서 가장 뛰어난 한 편은 무엇일까? 물론 지극히 개인적이고 주관적인 취향의 문제일 것이다. 그럼에도 필자는 한 편만을 선택하라고 한다면, 주저하지 않고,《사기열전》70편 중에서도 가장 먼저 나오는 '백이열전'을 선택할 것이다.

'백이열전'의 핵심적인 내용은 고죽국 군주의 두 아들인 백이와 숙제가 군주가 되는 것을 서로 양보하고, 주나라의 서백창이 늙은이를 잘 모신다는 소문을 듣고 그를 찾아가서 몸을 맡기려고 했지만, 서백창은 이미 죽고 없었고, 마침 주나라 무왕이 아버지가 돌아가셨는데도 장례를 치르지 않고 바로 전쟁을 일으키는 것을 효라고 할 수 없음을 충언을 했지만, 주나라 무왕은 자신의 잘못을 고치지 않았다.

이에 백이와 숙제는 주나라 백성이 되는 것을 부끄럽게 여기고, 지조를 지켜 주나라 곡식을 먹지 않고, 수양산에 은거하면서 고사리를 뜯어 먹으며 배를 채우다가 결국은 굶어 죽었다. 말세에는 모두 이익을 다투고, 부귀영화에 눈이 멀지만 오직 백이와 숙제만은 이익이나 부귀영화보다 의를 지키고, 세상의 부질없는 것들을 차지하기 위해 다투지 않았다. 군주의 자리를 마다한 것은 나라를 양보한 것이며, 수양산에서 굶어 죽은 것은 의를 지키기 위한 것이었다. 그렇기에 천하가 그들을 칭송할 뿐이다. 사마천의 《사기》의 매력은 바로 이런 것이다. 다양한 인간학의 보고라는 점이다.

《사기》는 다양한 인간 군상들을 보여 줌으로써 우리에게 어떻게 살아가야 할 것인가에 대한 해답을 제시해 준다. 뿐만 아니라 '화식열전'을 통해서 자본주의 사회에서 우리가 어떻게 살아가야 하며, 어떻게 돈을 벌어야 하는 것인지, 부자의 삶이란 어떤 것인지에 대해서도 많은 것을 배울 수 있다는 점에서 이 책의 위대함을 조금이라도 엿볼 수 있다.

속담에 '천금을 가진 부잣집 아들은 저잣거리에서 죽지 않는다'라고 했다. 그런데 정말 이 말은 빈말이 아닌 것 같다. 부를 가진 자는 힘을 가진 자이다. 그리고 그 힘은 저잣거리에서 죽어가도 어쩔 수 없는 그런 무기력한 부모와 상반되는 개념이다. 특히 이 부분은 사마천 자신의 삶에 잊을 수 없는 치욕을 모면할 수 있는 기회가 될 수 있는 부자에 관한 이야기이기 때문에, 더욱더 진정성이 느껴지는 대목이었다.

사마천이 부잣집 아들이었거나 부자였다면, 궁형을 모면할 수 있었을 것이다. 하지만 거금이 없었기에 죽음보다 더한 고통과 치욕을 온몸으로, 평생 감내해야만 했던 것이다. 돈이 없어서 평생의 한이 맺혀야 했던 사마천은 자신의 울분을 《사기》를 통해 세상에 분출했다. 그리고 이 세상의 모든 사물의 이치를 돈과 결부시켜 다음과 같이 기록하기도 했다.

"대체로 일반 백성은 상대방의 재산이 자기보다 열 배 많으면 몸을 낮추고, 백 배 많으면 두려워하며, 천 배 많으면 그의 일을 해 주고, 만 배 많으면 그 하인이 된다. 이것이 사물의 이치이다."

사마천《사기열전 2》, (민음사, 2007), 857쪽

사마천은 또한 '화식열전'을 통해 현대 자본주의적 견해를 이미 가지고 있음을 말해주는 것처럼 여겨지는 주장도 한다. 물건과 돈은 흐르는 물처럼 유통시켜야 한다는 사실에 대해서도 사마천은 같은 견해를 이미

가지고 있었던 것이다. 바로 이런 이유로 우리가 살아가고 있는 바로 이 시대인 '자본주의 시대에 우리는 어떻게 살아가야 할까?'를 고민하는 독자들이 있다면 필자는 최근에 나온 경제학 서적을 추천하기보다는 인간과 세상의 원리를 깨칠 수 있는 이 책을 먼저 추천해 주고 싶다.

에필로그

흐르는 시간을 가볍게 보내지 마라

"오늘 배우지 않으면서 내일이 있다고 말하지 말며, 올해 배우지 않으면서 내년이 있다고 말하지 마라. 해와 달은 가고 세월은 나를 기다려주지 않으니 아, 늙었도다. 이 누구의 허물인가? 소년은 늙기 쉽고 학문은 이루기 어려우니, 잠시의 시간도 가볍게 여기지 마라. 연못가의 봄풀은 아직 꿈에서 깨지 못했는데, 댓돌 앞의 오동나무 잎은 이미 가을 소리를 전하는구나."

《명심보감》「권학勸學」편과 《고문진보古文眞寶》에 담겨있는 주자朱子가 쓴 '권학문'이다.

많은 사람들이 내일이 있다고 자만한다. 그래서 오늘 읽어야 할 책을 읽지 않고, 오늘 배워야 할 공부를 하지 않고, 오늘 해야 할 것들을 내일로 미룬다.

삶의 활력을 찾아주기 위한 취미생활이나 심심풀이로 하는 일들은 오늘 하지 않아도 그만이다. 하지만 오늘 읽어야 할 책을 내일로 미루는 것은 인생에 있어서 가장 큰 낭비라고 생각한다.

오늘 읽어야 할 책을 내일로 미룬다는 것은 영원히 미룬다는 의미이기 때문이다. 또한 오늘 읽으면 내일이 되기 전에 좀 더 세상을 넓게 보고, 깊게 이해할 수 있는 무시무시한 통찰력과 사고력이 생겨서, 인생을 훨씬 더 크고 넓게 살아갈 수 있다. 하지만 오늘 읽지 않고 내일로 미루게 되면, 하루만큼 손해인 것이다. 그런데 이것이 쌓이게 되면 나중에는 도저히 감당할 수 없을 만큼 큰 격차가 생길 수밖에 없다.

독자들이 아니라 나 자신에게 항상 다짐하고 있는 것이 이것이다. 하루하루 흐르는 시간을 절대 가볍게 보내지 않겠다는 마음 말이다.

오늘 읽어야 할 책은 반드시 오늘 읽고, 오늘 써야 할 책은 반드시 오늘 쓴다. 이것이 필자의 원칙이기도 하다. 바로 이러한 원칙 덕분에 필자는 1년 전과 6개월 전이 엄청나게 다른 사람이 되었고, 심지어 한 달 전과 지금이 엄청나게 다른 사람이 될 수 있었던 것이다.

너무 많은 사람들이 돈은 무겁게 여기면서, 그래서 돈을 가볍게 낭비하지 않으면서도 돈보다 더 중요한 시간은 너무 가볍게 보내는 듯하다.

누군가를 만나서 이야기를 나누는 것은 매우 인간적이고 좋은 것이다. 하지만 쓸데없이 잡담만 늘어놓으면서 서로의 시간만 잡아먹는 경우는 시간을 너무 가볍게 쓸모없이 보내는 것에 불과하다. 오히려 혼자 조용히 사색하고, 산책을 하는 것이 시간을 더 잘 보내는 것이며, 가볍게 보내지 않는 것이라고 필자는 생각한다. 사색과 산책은 매우 중요한 것이기 때문이다. 결국 독서도 사색과 산책의 연장선에 있다고 생각한다.

순식간에 흐르는 시간을 너무 가볍게 보내면, 나중에 반드시 후회하게 된다. 오늘 읽어야 할 책을 오늘 읽고, 시간을 잘 보내는 사람은 절대 망하지 않는다. 시간이 없어서 책을 읽지 못한다고 말하는 사람이 많지만 그것은 어디까지나 자신이 스스로를 게으르다고 선언하는 것과 다르지 않다.

하루에 30분은 아무리 바빠도 신문을 보거나, 뉴스를 시청하고, 밥을 먹기 때문이다. 밥을 먹는 것보다 신문이나 뉴스를 보는 것보다 고전을 가까이 하는 것이 훨씬 더 중요하다. 이것은 나만의 억지 주장이 아니다.

많은 사람들이 매일 신문이나 뉴스를 보거나 시청하는 데 30분을 투자하지만, 인생이 절대 달라지지 않았다. 하지만 누군가가 매일 30분을 투자하여 고전을 탐독하게 된다면, 그 사람의 인생은 반드시 달라질 것이다. 필자가 장담할 수 있는 것 중에 하나가 바로 이것이다.

필자를 믿고 고전을 매일 30분씩 탐독해 보자. 인생이 달라질 것이다.